香海文化

星雲法語②正信

星雲大師 著

生活的佛教

星雲法語

目錄

第❷冊 生活的佛教——正信

卷二 第一法

卷三 道德福命

總序

十把鑰匙

星雲

「星雲法語」是我在台灣電視、中國電視、中華電視三十年前的「三台時代」，為這三家電視台所錄影的節目。後來在《人間福報》我繼「迷悟之間」專欄之後，把當初在三台講述的內容，再加以增補整理，也整整以三年的時間，在《人間福報》平面媒體與讀者見面。

因為我經年累月雲水行腳，在各國的佛光會弘法、講說，斷斷續續撰寫「星雲法語」，偶有重複，已不復完全記憶。好在我的書記室弟子們，如：滿義、滿觀、妙廣、妙有、如超等俄而提醒我，《人間福報》的存稿快要告罄了，由於我每天都能撰寫十幾則，因此，只要給我三、五天的時間，我就可以再供應他們二、三個月了。

像這類的短文，是我應大家的需要在各大報刊、雜誌上刊登，以及我為徒弟編印的一些講義，累積的總數，已不下二千萬字了。「星雲法語」，應該說是與「迷悟之間」、「人間萬事」同一性質的短文，都因《人間福報》而撰寫。承蒙讀者鼓勵，不少人希望結集成書，香海文化執行長蔡孟樺小姐將這些文章收錄編輯，文字也近百餘萬言，共有十集，分別為：一、精進；二、正信；三、廣學；四、智慧；五、自覺；六、正見；七、真理；八、禪心；九、利他；十、慈悲。

這套書在《人間福報》發表的時候，每篇以四點、六點，甚至八點闡述各種意見，便於記憶，也便於講說，有學校取之作為教材。尤其我的弟子、學生在各處弘法，用它做為講義，都說是得心應手。

承蒙民視電視台也曾經邀我再比照法語的體裁，為他們多次錄影，並且要給我酬勞。其實，只要有關弘法度眾，我都樂於結緣，所以與台灣的四家無線電視台都有因緣關係。而究竟「星雲法語」有多大的影響力，就非我所敢聞問了。

「迷悟之間」除了香海文化將它印行單行本之外，後來又在北京發行簡體字版，「人間萬事」則尚在《人間福報》發表中。現在「星雲法語」即將發行出版全集，略述因緣如上。

承蒙知名學者李家同教授、洪蘭教授、台中胡志強市長、大塊集團郝明義董事長，以及善女人辜懷箴居士，為此套書寫序，一併在此致謝。

是為序。

二〇〇七年九月一日 於佛光山開山寮

推薦序一

宗教情懷滿人間

星雲大師的最新著作《星雲法語》十冊套書，香海文化把部分的文稿寄給我，邀我為序。八月溽暑期間，我自身事務有些忙碌；但讀著文稿裡星雲大師的話，卻能感覺到歡喜清涼。

《星雲法語》裡面有一篇我很喜歡。

> 要有開闊包容的心胸、要有服務度生的悲願、要有德學兼具的才華、要有涵養謙讓的美德。——〈現代青年〉

多年來我從事教育工作，希望走出狹義的菁英校園空間，真正幫忙各階層弱勢學生。看著莘莘學子，我想我和星雲大師的想法很接近吧，就是教育一定要在每個角落中落實，要讓最弱勢的學生，能個個感受到不被忽略、不受到城鄉資源差別待遇。

青年教育的目的，不就是教育工作者，希望能教養學生，成為氣度恢弘的國民？

為勉勵青年，星雲大師寫下「青年有強健的體魄，應該發心多做事，多學習，時時刻刻志在服務大眾，念在普度眾生，願在普濟社會。」

星雲大師的話，讓我想起聖經裡的金句。

「有了信心，又要加上德行；有了德行，又要加上知識；有了知識，又要加上節制；有了節制，又要加上忍耐；有了忍耐，又要加上虔敬；有了虔敬，又要加上愛弟兄的心；有了愛弟兄的心，又要加上愛眾人的心。」——〈彼得後書．第一章〉

宗教情懷，就是超越一切的普濟精神。人間的苦難，如果宗教精神無以救濟，那麼信仰宗教毫無意義。不論是佛陀精神，或是基督精神，以慈愛的心處世，我想原則上沒有什麼不同。尤其是青年人，更應細細體會助人愛人的真諦，在未來三十、五十年，起著社會中堅的作用。這樣，我們現在辦的教育，才真正能教養出「德學兼具」的青年，讓良善能延續，社會上充滿不汲汲於名利，助人愛人的和諧氣氛。

香海文化即將出版的《星雲法語》，收錄了精采法語共計一〇八〇篇，每一篇均意味深長，適合所有人用以省視自己，展望未來。「現代修行風」不分基督佛陀，親切的聖人教誨，相信普羅大眾都很容易心領神會。

如今出版在即，特為之序。

（本文作者為國立暨南大學教授）

推薦序二

安心與開心

洪蘭

在亂世，宗教是人心靈的慰藉，原有的社會制度瓦解了，一切都無法制、無規章，人民有冤無處伸，只有訴諸神明，歸諸天意，以求得心理的平衡。所以在東晉南北朝時，宗教盛行，士大夫清談，把希望寄托在另一個世界。歷史證明那是不對的，這是一種逃避，它的結果是亡國，智者知道對現實的不滿應該從改正不當措施做起，眾志可以成城，人應該積極去面對生命而不是消極去寄望來生。星雲大師就是一個積極入世的大師，他在國內外興學，風塵僕僕到處弘法，用他的智慧來開導世人，他鼓勵信徒從自身做起，莫以善小而不為，當每個人都變好時，這個社會自然就好了。這本書就是星雲大師的話語集結成冊，印出來嘉惠世人。

人在受挫折，有煩惱時，常自問：人生有什麼意義，活著幹什麼？大師說，人生的意義在創造互惠共生的機會，這個世界有因你存在而與過去不同嗎？科學家特別注重創造，就是因為創造是沒有你就沒有這個東西，沒有莫札特就沒有莫札特的音樂，沒有畢加索，就沒有畢加索的畫，創造比發現、發明的層次高了很多，人到這個世界上就是要創造一個雙贏的局面，不但為己，也要為人。英文諺語有一句：Success is when you add the value to yourself. Significance is when you add the value to others. 只有對別人也有利時，你的成功才是成功。所以大師說，生命在事業中，不在歲月上；在思想中，不在氣息上；在感覺中，不在時間上；在內涵中，不在表相上。這是我所看到談生命的意義最透徹的一句話。

挫折和災難常被當作上天的懲罰，是命運的錯誤；其實挫折和災難本來就是人生的一部分，不經過挫折我們不會珍惜平順的日子，沒有災難不會珍惜生命。人是動物，是大自然中的一分子，不管怎麼聰明、有智慧，還是必須遵行自然界的法則，所以有生必有死，完全沒有例外，但是人常常參不透這個道理，歷史上秦始皇、漢武帝這種雄才大略的人也看不到這點，所以為了求長生不老，倒行逆施，壞了國家的根基，反而是修身養性的讀書人看穿了這點。宋、李清照說「今手澤如新而墓木已拱，乃知有有必有無，有聚必有散，亦理之常，又胡足道」。看透這點，一個人的人生會不一樣，既然帶不走，就不必去收集，應該想辦法去用有限的生命去做出無限的功業。

一個入世的宗教，它給予人希望，知道從自身做起，不去計較別人做了什麼，只要有做，世界就會改變。最近有法師用整理回收物的方式帶信徒修行，他不要信徒捐獻金錢，但要他們捐獻時間去回收站作義工，從行動中修行。我看了這個報導真是非常高興，因為研究者發現動作會引發大腦中多巴胺（dopamine）這個神經傳導物質的分泌，而多巴胺跟正向情緒有關，運動完的人心情都很好，一個跳舞的人即使在初跳時，臉是蹦著的，跳到最後臉一定是笑的。所以星雲大師勸信徒，從動手實做中去修行是最有效的修行，對自己對

馮儀繪（局部）

社會都有益。

在本書中，大師說生活要求安心，心安才能體會人生的美妙，才聽得到鳥語、聞得到花香，所以修行第一要做到心安，既然人是群居的動物，必須要和別人往來，因此大師教導我們做人的道理，列舉了人生必備的十把鑰匙，書的最後兩冊是要大家打開心胸，利他與慈悲，與一句英諺：you can give without loving, you can never love without give. 相呼應。不論古今中外，智者都看到施比受更有福。

希望這套書能在目前的亂世中為大家浮躁的心靈注入一股清泉，人生只要心安，利人利己的過生活，在家出家都一樣在積功德了。

（本文作者為國立陽明大學神經科學研究所教授）

推薦序三

法鑰匙神奇的佛

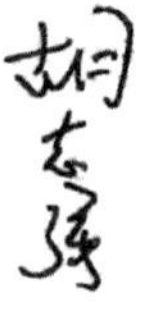

星雲大師，是我一直非常尊敬與佩服的長者。

長久以來，星雲大師所領導主持的佛光山寺與國際佛光會，聞聲救苦，無遠弗屆，為全球華人帶來無盡的希望與愛。

大師的慈悲智慧與宗教情懷，讓許多人在徬徨無依時，找到心靈的依歸。另一方面，我覺得大師瀟灑豁達、博學多聞，無論是或不是佛教徒，都能從他的思想與觀念上，獲得啟迪。

星雲大師近期即將出版的《星雲法語》，收錄了大師一〇八〇篇的法語，字字珠璣，篇篇雋永。

我很喜歡這套書以「現代佛法修行風」為訴求，結合佛法與現代人的生活，深入淺出地闡釋。尤其富創意的是，以十冊「法語」打造了十把「佛法鑰匙」，打開讀者心靈的大門，帶領我們從不一樣的角度，去發現與體會生活中的點點滴滴。

以〈旅遊的意義〉這篇文章為例：

「……就像到美國玩過，美國即在我心裡；到過歐洲渡假，歐洲也在我心裡，遊歷的地區愈豐富，就愈能開闊我們的心靈視野。

當我們從事旅遊活動時，除了得到身心的舒解，心情的愉悅之外，還要進一步獲得寶貴的知識。除了外在的景點外，還可以增加一些內涵，做一趟歷史文化探索之旅，看出文化的價值，看出歷史的意義。

比方這個建築是三千年前，它歷經什麼樣的朝代，對這些歷史文化能進一步賞析後，那我們的生命就跟它連接了。……」

「我們的生命就跟它連接了」這句話，讓我印象十分深刻，生動描述了「讀萬卷書，行萬里路」，正是一種跨越時空的心靈宴饗。

在〈快樂的生活〉一文中，大師指點迷津。他說：「名和利，得者怕失落，失者勤追求，真是心上一塊石頭，患得患失，耿耿於懷，生活怎麼能自在？」

因此「身心要能健康，名利要能放下，是非要能明白，人我要能融和。」

在〈歡喜滿人間〉這篇文章，大師指出：

人有很多心理的毛病，例如憂愁、悲苦、傷心、失意等。佛經形容人身難得如「盲龜浮木」，一個人在世間上一年一年的過去，如果活得不歡喜，沒有意義，那又有什麼意思？如何過得歡喜、過得有意義？

他提出幾點建議：「要本著歡喜心做事、要本著歡喜心做人、要本著歡喜心處境、要本著歡喜心用心、要本著歡喜心利世、要本著歡喜心修行。」

看到此處，我除了一邊檢視自己在日常生活中做到了多少？另方面，也希望把「歡喜心」的觀念告訴市府同仁，期許大家在服務市民時認真盡責之外，還能讓民眾體會到我們由衷而發的「歡喜心」。

而〈傳家之寶〉一篇中所提到的觀點，也讓為人父母者心有戚戚焉。

大師說：一般父母，總想留下房屋田產、金銀財富、奇珍寶物給子女，當作是傳家之寶；但是也有人不留財物，而留書籍給予子女，或是著作「家法」、「庭訓」，作為家風相傳的依據。乃至禪門也有謂「衣缽相傳」，以傳衣缽，作為叢林師徒道風相傳的象徵。

他認為「傳家之寶」有幾種：包括寶物、道德、善念與信仰。到了現代，書香、善念、道德、信仰更可以代替錢財的傳承，把宗教信仰傳承給子弟，把善念道德傳給兒孫，把教育知識傳給後代。

「人不能沒有信仰，沒有信仰，心中就沒有力量。信仰宗教，如天主教、基督教、佛教等等，固然可以選擇，但信仰也不一定指宗教而已，像政治上，你歡喜那一個黨、那一個派、那一種主義，這也是一種信仰；甚至在學校念書，選擇那一門功課，只要對它歡喜，這就是一種信仰。有信仰，就有力量，有信仰，就會投入。能選擇一個好的宗教、好的信仰，有益身心，開發正確的觀念，就可以傳家。」

細細咀嚼之後，意味深長，心領神會。

星雲大師一千多篇的好文章，深刻而耐人尋味，我在此只能舉出其中幾個例子。很感謝大師慷慨分享他的智慧結晶，讓芸芸眾生也有幸獲得他的「傳家之寶」。

在繁忙的生活中，每天只要閱讀幾篇，頓時情緒穩定、思考清明、心靈澄靜。有這樣的好書為伴，真的「日日是好日」！

（本文作者為台中市市長）

推薦序四

佛法與生活及工作結合時

郝明義

對我而言，佛法中很重要的一塊是教我們如何對境練心。換句話說，也就是在生活與工作中修行。

生活與工作，無非大事小事的麻煩此起彼落；無非此人彼人的煩惱相繼而至。所謂對境練心，在生活中修行，就是我們如何調整自己面對這些麻煩事情、煩惱人事的心態、習慣與方法。

在沒有接觸佛法的過去，我憑以面對這些事情與人物的工具，不過是如何借由理性與意志力，來控制自己的脾氣與心情。但光是借由理性與意志力來控制，畢竟是有可及之時，也有不可及之時。敗多成少固然是問題，成敗之間的得失難以判斷，依循規則也難以歸納，則更是令人深感挫折。

但是接觸佛法，尤甚以六祖註解的《金剛經》為我的修行依歸之後，雖然所知十分淺薄，但是光對境練心的這一點認知，已經讓我受益匪淺，知道了如何從根本調整自己在生活中面對煩惱的心態、習慣與方法。

譬如說，以一個出版者而言，這個行業的特質，尤其讓我覺得應用佛法別有心得。和其他行業不同，出版工作永遠要同時面對過去、現在、未來三個課題。今天新出版的書裡怎麼創造些暢銷書，這是要持續注意「現在」的課題；今天就要和作者討論幾個月甚至幾年後出版的書籍寫作內容，預作準備，這是要持續注意「未來」的課題；每一個出版社都要重視自己過去出版的書籍，注意如何讓過去已經出版的書可以持續再版，這是要持續注意「過去」的課題。這種工作中隨時要同時注意「過去」、「現在」、「未來」三種課題的需要，讓我特別體會到佛法可以對我所有的啟發與指引。

又譬如說，六祖的口訣「覺諸相空，心中無念。念起即覺，覺之即無」，讓我體會到其中的「念起即覺，覺之即無」正是「應無所住而生其心」的旁註，可以隨時應用在任何事情，讓自己恢復或保持清淨之心──哪怕是在最繁雜與忙亂的工作中。

雖然因為自己習氣深重，仍然有大量情況是「念起不覺」，來不及調整心態，注意不到要調整習慣，不適應應該採取的方法，而一再讓煩惱所趁，重蹈覆轍，但是畢竟我知道方法是的確在那裡的，只是自己不才，不夠努力而已。固然仍然是敗多成少，但畢竟可以看到比例逐漸有所改善。路途雖然十分遙遠，但是畢竟在跌跌撞撞中感受到自己在走路了。

一個黑戶佛教徒對佛法的心得，重點如此。

《星雲法語》中有著許多在生活與工作中的修行例證。希望閱讀《星雲法語》的讀者，從這本書裡也能得到在生活中修行的啟發與指引。

（本文作者為大塊出版集團董事長）

推薦序五

人生的智慧和導航

趙寧懷感

我一直感恩自己能有這個福報，多年來能跟隨在大師的身邊，學習做人和學習佛法。每一次留在大師身邊的日子裡，都可以接觸到許多感動的心，和感動的事；每一次都會讓我感覺到，這個世界真的是非常的可愛。

大師說：他的一生就是為了佛教。這麼多年來，大師就這樣循循的督促著自己，為此，馬不停蹄的一直在和時間做競跑。大師的一生，一向稟持著一個慈悲佈施、以無為有的胸懷，做大的人，做大的事。如果想要問大師會不會和我們一樣斤斤計較？我想他唯一真正認真計較的事，就是，對每一天的每一分和每一秒吧！

在大師的一生裡，大師從來不允許自己浪費任何一分一秒的時間；無論是在跑香、乘車、開會、會客或者進餐；大師永遠都是人在動，心在想，手在做，眼觀四方，耳聽八方，把一分鐘當十分鐘用；在高效率中不失細膩，細膩中不失大局，大局中不失周全；周全裡，充滿了的是大師對每一個人無微不至的關懷和體貼。

大師自從出家以來，只要是為了弘法，大師從來不會顧及自己的健康和辛苦，數十年如一日，南奔北走，不辭辛勞的到處為信徒開釋演講；只要有多餘的時間，大師就會爭取用來執筆寫稿；年輕時也曾經為了答應送一篇文稿給出版社，連夜乘坐火車，由南到北。大師從年輕就非常重視文化事業，大師也堅信用文字來度眾生的重要。大師一生不但一諾千金，獨具宏觀，不畏辛苦，忍辱負重；在佛教界樹立了優良的榜樣，對現代佛教文化事業得以如此的發達，具有相當肯定的影響力。到目前為止，大師出版的中英文書籍，已經不下數百本。

記得在六十年代的時候，大師鑒於電視弘法不可忽視的力量，即刻決定

侯吉諒繪

要自己出資，到電視公司錄製作八點檔的「星雲法語」；使成為台灣第一個在電視弘法的節目。我記得大師的「星雲法語」，是在每天晚間新聞之後立即播出，播出的時間是五分鐘，節目的製作，即「精」又「簡」；節目當中，配合著簡單明瞭的字幕，聽大師不急不緩的縷縷道來；讓觀眾耳目一新，身心受益。

這個節目播出之後，立即受到廣大觀眾的喜愛和迴響。大師告訴我，在節目播出不久之後，由於收視率很好，電視公司自動願意出資，替大師製作節目；大師從此不但有了收入，也因此多了一個電視名主持人的頭銜。這個「星雲法語」的電視節目，也就是今天所出版的《星雲法語》的前身。

佛光山香海文化公司，精心收集了一千零八十篇的《星雲法語》，即將出版。這一條佛法的清流，是多年來星雲大師為了這個時代人心靈的須求，集思巧妙的運用生活的佛教方式，傳授給我們無邊的法寶。每一篇，每一個法語，星雲大師都透過對微細生活之間的體認，融合了大師在佛法上精深的修行智慧。深入淺出的詮釋，高明的把佛法當中的精要，很自然的交織在生活的細緻之間，用生活的話，明白的說出現代佛法的修行風範，讓讀者有如沐浴在法語春風之中的感覺，很自然的呼吸著森林裡散發出來的清香，在每一個心田裡默默的深耕著。等待成長和收割的喜悅，和著太陽和風，是指日可待的。

今承蒙香海文化公司的垂愛，賜我機會為《星雲法語》套書做序，讓我實在汗顏；幾經推辭，又因香海文化公司的盛情難卻，只有大膽承擔，還請各位前輩、先學指正。我在此恭祝所有《星雲法語》的讀者，法喜充滿。

（本文作者為國際佛光會世界總會理事）

卷一 生活的佛教

現代人覺悟到宗教比起科技，
更加容易安身立命、昇華人格。
信仰佛教，可以讓我們獲得慈悲喜捨的力量。
有了佛法，可以幫助我們安定自己、認識自己，
進一步還可以完成自己，圓滿自己。

四威儀可以規範行為——生活的佛教（一）

身語意的行止，表現在外，就是生活的禮儀。四威儀是指行、立、坐、臥間的言語動作，都能自然流露出涵養與風範。這是叢林中，要求僧眾在行立坐臥中的風姿。其實，無論那一個人，如果站沒站相、坐沒坐相、衣冠不整、談吐庸俗，都是缺乏生活的禮儀。因此，具足「四威儀」，是每一個人都可以做到的。「四威儀」如下：

第一、行如風自在：行走時有如和風一樣，輕快敏捷、自在灑脫。《大明三藏法數》記載，修道者在舉止動步，心不外馳，無有輕躁，就可以常在正念，藉以資養身心。非但修道者如此，如果一個人行走時，迤邐歪斜，左右顧視，也是不如法、不莊重的。因此，當你走路經行時，不妨留意一下自己的姿勢，以保持風儀。

第二、立如松挺拔：一般人形容女子「亭亭玉立」，男子「玉樹臨風」，都是指他們的站樣、才相威儀美好。站立時，能像古松一樣挺拔，自然而然會從內心流露正氣。反之，如《禮記》云：「跛倚以臨祭，其為不敬大矣。」你靠牆倚柱、彎腰駝背，散心漫意，別人自然難以升起一股敬重心。

第三、坐如鐘穩重：人坐下來後，會有很多姿勢，有的人習慣散腿、有的人習慣翹二郎腿、有的人不自覺會抖腳晃動，這些都容易讓我們心浮氣躁，乃至身體東倒西斜，心意更無法集中了。因此，坐下來時，就不輕易移動，或盤腿、或兩腳自然垂放，身心就會像大鐘般沉穩莊重。

第四、臥如弓吉祥：指安眠時，姿勢像彎弓一樣。經典記載，此種臥

茂繪

法是以右手為枕，右脅向下，左手伏在左膝上，兩隻腳相疊，可以調攝身心，不忘正念，心無昏亂。因此，右脅而臥又稱「吉祥臥」。

佛門非常注重「行如風、坐如鐘、立如松、臥如弓」的禮儀，可以得體自然，並且對於身心的健康也很有幫助。

日常起居動作以此原則來行止進退，所謂「寓法相於性相之中，寄妙理於俗理之外。」行止之間，自然培養高巖千仞、碧海萬頃的氣度。

- 第一、行如風自在。
- 第二、立如松挺拔。
- 第三、坐如鐘穩重。
- 第四、臥如弓吉祥。

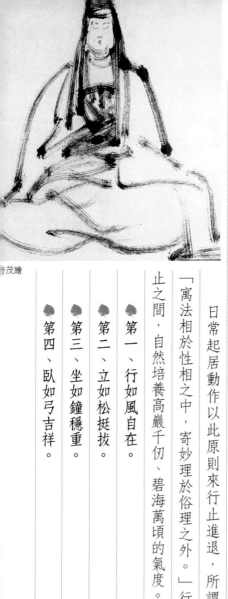

四念住可以安頓身心──生活的佛教(二)

今日信仰宗教的人愈來愈多，因為現代人覺悟到宗教比科技更加容易安身立命、昇華人格。信仰佛教，可以讓我們獲得慈悲喜捨的力量。有了佛法，可以幫助我們安定自己、認識自己，進一步還可以完成自己，圓滿自己。生活的佛教又是什麼呢？提供可以安頓身心的四念住，四念住又稱四念處，內容如下：

第一、觀身不淨：仔細觀察，在我們的身體裡，充滿了髮、毛、齒、涕、唾、痰、便、塵垢等不淨物。經典說身體的不淨物有三十六種，一一作觀，可以脫離貪愛，不執著色身的美醜。因為在我們的思想觀念裡，總以為肉軀是實在的，為它滋養、妝扮，「觀身不淨」，正可以破除我們對於欲望的根本──「身體」的執著，了解色身的虛幻不實，進而借假修真，認識心境的內涵更為重要，追求真實不滅的法身慧命。

第二、觀受是苦：「受」有很多，如：冷熱寒暖、刺痛、疲累、病苦，甚至喜怒哀樂、憂悲苦惱等，都是由接觸而「覺受」到一切的感受，苦多於樂，即使有快樂，也不究竟、不長久，遷流不息的結果，歸根究柢，還是會因時空的變化而消逝，因此說「觀受是苦」。

第三、觀心無常：我們的心念好比江海波濤，一波將息，一波還起，變化無窮。又有如瀑布湍流，念念不停，瞬間即逝；乃至分分秒秒，忽而天堂，忽而地獄，時好時壞，時善時惡，時生時滅，如猿猴般，念念無定，所以說觀心無常。舉凡有所思想、感受的，都會隨著心念轉變而有所不同，因此，不執著於一時的好壞感受，才會放下自在。

第四、觀法無我：世間一切人事物都與因緣有關，無有自性，沒有一件為我所擁有，沒有一法是一成不變，終會散滅敗壞。因此，不必認定萬

物皆為我所有，如果執持是我的，痛苦就接踵而至；反之，懂得「觀法無我」，才能從五欲塵勞中，找回自己的真如法性。

修學「四念住」，對於生命的妄執愛著，就會慢慢降伏減低，去除我愛、我慢、我見、我癡，把心放在無常、苦、無我之上，對世間的錙銖小利，就不會貪戀，執著於一時的痛苦快樂，而能夠勇猛向前。能以四念住的法門去認識宇宙的真相，還要有「同體共生」的體會，時時自我觀照，就能安頓身心，自我解脫。

第一、觀身不淨。

第二、觀受是苦。

第三、觀心無常。

第四、觀法無我。

四攝法可以廣結善緣──生活的佛教(三)

四攝法是指布施、愛語、利行、同事。做到這四攝法，可與人廣結善緣。

第一、布施：布施可以讓人安心無憂，給人無限歡喜，又可分為三種：財施，是指施捨財物，濟惠貧乏；法施，是以法示人，使人明白真理；無畏施，是濟拔厄難，使人遠離怖畏。因此，布施不只是金錢而已，你可以給人利益、給人快樂，當別人畏懼，給他力量，讓他不害怕；當別人不懂，我說給他聽，讓他明白，這都是布施。

第二、愛語：愛語可以讓人生起信心。說好話，以鼓勵代替責備，使他改過；以柔和安慰語，使他有力量；以慈悲讚歎語，使他有信心；以增進善法語，使他的心境更加的提升。像仙崖禪師的「夜涼了多加一件衣服」，感化夜遊沙彌；良寬禪師說自己「年紀大了，鞋帶都繫不動」，讓他的外甥洗心革面；趙州禪師的「小便別人無法替代」，表明學道成佛，必須直下承當；南隱禪師一句「茶杯滿了」，點撥行者學習不可自滿，這些都是愛語的功用。

第三、利行：是幫助他人成就諸事，甚至你身常行善事，口常說善言，心常存善念，這都是利行的表現，也就是現代人講的「服務精神」。例如，有人不了解原委，指導他一點；有人遭遇困難，幫助他一下。只要我們把握住「真心為人」的原則，盡自己的能力，以誠懇、歡喜的心去做利益他人的行為，就能夠成就許多好因好緣。

第四、同事：是指以對方熟悉的立場來與他共事、相處，當他是個老農時，就以老農熟悉的事物來與他來往；與兒童相處時，就談論小朋友能懂而且有興趣的事情。對方需要什麼，你針對他的需要，設身處地為他設想，以此隨順的善行，會讓人在黑暗裡見到光明，在無助中得到幫助，在徬徨時得到依靠，在苦難時得到救濟。

人生最可貴的，就是「結緣」。結好緣，就是自利利他，不但讓自己生活愉快，也讓別人生命獲得歡喜。如何廣結善緣？四攝法就是最好的方法，而且生活中就可以做得到。

第一、布施。

第二、愛語。

第三、利行。

第四、同事。

四聖諦可以明白真理——生活的佛教(四)

「四聖諦」包括苦、集、滅、道，這是佛陀證道之後，初次在鹿野苑所宣說的教法，以此教導眾生超出生死輪迴。

第一、苦諦：是指世間有生老病死的苦，以及怨憎之人共聚，所愛者反而別離，又有身心上各種無以形容的苦，它泛指一切逼迫身心苦惱的狀態。其實佛教之所以講苦，目的是為了讓我們知道苦的實相，進一步去尋找滅苦的方法。因此，了解苦的存在，只是一個過程，如何離苦得樂，獲得解脫，才是佛教講苦的最終目的。

第二、集諦：是指形成生死痛苦的原因。眾生由於無明、貪愛、瞋恚等煩惱的驅使，而積集種種惡業，然後依照種種業報而招致種種苦果。眾生招受苦果，往往不知自省，反而怨天尤人，更起迷惑顛倒，再造新業，復成苦因，如是煩惱業報輾轉相生，苦上加苦，譬如揚湯止沸，只見滾上加滾，無有已時。

第三、滅諦：說明由苦所聚集的煩惱痛苦，可以到達解脫的境地。「滅」是寂滅的意思，是指滅盡貪、瞋、癡等煩惱，而顯現出清淨的真如體性。在知苦斷集後，由修道所證得的解脫境界。它是滅除了煩惱、痛苦、人我、是非、差別、障礙等種種無明，而獲得的一種境我一如，超越生死，自由自在，光明幸福的圓滿境界。

第四、道諦：道，是通達的意思。是指透過三慧學、八正道的修持方法，可以離苦得樂證得究竟涅槃，也就是從痛苦的此岸到達涅槃的彼岸所必經的道路。

苦，如人患病；集，生病的原因；滅，如病已痊癒；道，如治病的藥方。我們學佛，正是為了斷除貪、瞋、癡等種種煩惱，而趣向涅槃的境界，所以四聖諦是解脫生死的方法，依此可以明白真理，邁向解脫的道路。

佛教有八萬四千的法門，以對治眾生身心上各種的疾病。但是這浩瀚無邊的佛法，要如何去修行呢？所謂「弱水三千，只取一瓢飲」在人生的路上，只要一滴的佛法甘露，也會受用無窮。所以什麼是生活的佛教？有四點看法：

- 第一、苦諦。
- 第二、集諦。
- 第三、滅諦。
- 第四、道諦。

小事不可輕(上)

《大般涅槃經》云：「如少金剛能壞須彌，亦如少火能燒一切，如少毒藥能害眾生，少善亦爾，能破大惡，雖名少善，其實是大。」小事小物雖不起眼，但是小善能成就大事，小惡卻足以壞事。所以，「小事不可輕」有四點意見：

第一、巨木毀於螻蟻：樹木一旦遭受蟲蝕蟻蛀，即使是已有百年、千年的生命，亦將受其害。同樣的，人不能一味地追求事業的龐大，或是一味地沉浸在物質的享受，應當適時觀察周遭的因緣，因為小至一個惡人、一件壞事，都可能讓你的夢想破滅，讓你的人格遭受扭曲，不能不注意。

第二、堅石毀於滴水：小水滴雖然沒什麼力量，但是在堅硬的石頭上滴久了，也能穿石，不能不小心。宋朝縣令張乖崖，為處罰偷拿一文錢的管錢庫官吏，責打他二十大板，並聽候處理還要追查判罪。庫吏不服氣，認為小題大作，縣令就在庫房門上張貼布告，寫道：「一日一錢，千日一千。繩鋸木斷，滴水穿石。」所以，勿以惡小而可為，小惡如水可以穿石，尤其惡事做多了，難保日後不會壞事做盡。

第三、友誼毀於一言：良好的談話，可以增加彼此間的互動，反之，語言使用不當，則有傷彼此的感情。綜觀歷史上、社會上，有些人曾經是很要好的朋友，卻因為「說不拘禮」，說錯一句話而傷害了對方的尊嚴，犯了對方的忌諱，造成多年培養的友誼瓦解。因此，說話如同射箭，一去而不復返，慎言很要緊。

第四、大事毀於小節：有的人一心想要做大事、做大人物，但是要注意，不能不拘小節；一舉手一投足稍不留意，就會壞了大事，因此，任事當如臨深淵，如履薄冰。《淮南子》曰：「害生於弗備，穢生於弗耨。」好比商朝紂王因貪圖精緻象牙筷，致使朝代政權毀於奢華的生活小節。所以，小節不能忽視，一旦不在乎，大節難免出問題；小節丟失了，大節也就難保了。

所謂「大處著眼，小處著手」，微小的善行，能成就終生的幸福；微小的惡事，卻可能造成永久的悔恨。所以，「小事不可輕」有四點：

第一、巨木毀於螻蟻。

第二、堅石毀於滴水。

第三、友誼毀於一言。

第四、大事毀於小節。

小事不可輕（下）

「小」有很多功用，小小的微笑，給人無限的歡喜；小小的愛語，給人無邊的受用；小小的善行，給人無量的因緣；小小的故事，給人無盡的啟示。但是，「小」也不可輕，諺語有云：「小孔不補，大孔叫苦。」佛教也說：「一念瞋心起，百萬障門開。」所以，「小事不可輕」有四點建議：

第一、禍融起於小火：新聞報導經常會播報那一戶人家失火了，那一個工廠爆炸了，那一塊地燒毀了多少房子。起火的原因大都是由於不小心，瓦斯爐沒關好，香菸頭沒有熄滅，或是電線走火，以致釀成無法彌補的災害。

《抱朴子》曰：「寸火能焚雲夢，蟻穴能決大堤。」古時打更夫於半夜時分，會在街道上提醒民眾：「三更半夜，小心火燭」，就是要大家注意防火安全。因此，小火不可輕忽。

第二、大樓崩於裂縫：一棟大樓突然間崩坍陷落，除了巨災等不可避免的因素所造成，另外一個原因就是裂縫不補；一旦水泥不能凝結，造成縫隙現象，穩固大樓的力量分散了，便難保大樓不會有傾倒的一天。因此，房屋建築時，不能忽視工程查驗階段，甚至住戶進住之後，更要時時做安全檢查，否則出了狀況，後果不堪設想。

第三、大盜因於小偷：諺語有云：「細漢偷挽瓢，大漢偷牽牛。」經常會看到一些驚天動地的社會事件，好比綁票、偷搶、殺人等等；這許多人之所以犯罪，都不是一夕之間能為的，乃是從小事做起，貪小便宜、好打好鬥，養成習慣，漸漸地才成為江洋大盜，無惡不作。所以，人應該慎於小事，凡事馬虎不得。

第四、聖賢成於小善：世間的好人、聖賢，他們之所以偉大、崇高，不是一日所成的，是做了多少善事，點點滴滴的善行聚集起來，才樹立了今日聖賢的形象，或成為一個道德君子、善人，受到世人的景仰。

因此，成聖成賢乃從積聚小

善做起。所謂：「不辭小水，方能成就海洋；不積小善，無以圓滿至德。」讀研究所要從小學讀起，做大老闆，也得從小事學起；無論做大事、做好人，都是要從小地方累積力量、累積功德、累積因緣，想要一步登天，實在難矣哉。以上四件小事不可忽略。

- 第一、祝融起於小火。
- 第二、大樓崩於裂縫。
- 第三、大盜因於小偷。
- 第四、聖賢成於小善。

慎行

剛學開車的人，總是小心翼翼，不容易出事；剛進公司的人，總是如履薄冰，不易有大錯。不熟，讓我們慎行；不熟，讓我們慎始。再看吾人每天離不開的吃飯、走路、交友、說話、做事……，這些都是熟悉的行為，就是因為熟悉，所以更要謹慎；你謹慎，會減少許多煩惱；你不謹慎，就會帶來很多麻煩。不謹慎的行為會有怎樣的麻煩呢？

第一、飯不嚼就嚥，會病：吃飯的時候，多一點咀嚼，可以幫助消化，減少腸胃的負擔；佛教講正意受食是一種修行，也是告訴我們吃飯要注意當下，細嚼慢嚥。假如你狼吞虎嚥，齒既不能咀嚼，舌也不能別味，不但享受不到食物的豐美，而且有損身體健康，招致生病，實在划不來。

第二、路不看就走，會偏：走路要看準方向目標，不看準，必定走偏。做人處世也是一樣，有了目標，好比舟船不會偏離航道，車行不會走錯方向。假如你不看清，偏了方向、偏了目標，再回頭，已經嫌遲了。

第三、友不擇就交，會誤：君子以道為友，小人以利為友。交朋友不選擇，交到一些惡友，交到一些損友，常會惹來許多麻煩，耽誤正事。甚至，我們也經常在報刊雜誌上，看到因為交友不慎而身陷囹圄，葬送自己前程的例子。因此，交友，實不可不慎。

第四、話不想就說，會悔：有一句話說：「利刀割體瘡猶合，言語傷人難和好」，你無論說什麼話，不經過仔細想一想，能說不能說，可說不可說，隨便就把它說出來了，等到傷到別人，無法挽回，就會懊悔不已。

第五、事不思就做，會錯：做什麼事情，不去思前顧後，隨意地就把它做出來，就會做錯。像孔門弟子子路，性格耿介、魯莽好勇、直率熱情，經常衝動行事，有時孔子也不得不教訓他：「野哉，由也。」因此，行事還是謹慎點好，否則容易做錯。

「念念有如臨敵日，心心常似過橋時」。聖人敬小慎微，所以動不失時；君子敬謹慎獨，因此行不招咎。飯，不能隨便亂吃、快吃、貪吃；路，不能隨意亂走、邪走、錯走；友，不能亂交結拜；話，不能隨口說說；事，更不能不想就做，這些都容易導致做錯後悔。因此，我們要小心慎行：

- 第一、飯不嚼就嚥，會病。
- 第二、路不看就走，會偏。
- 第三、友不擇就交，會誤。

第四、話不想就說，會悔。

第五、事不思就做，會錯。

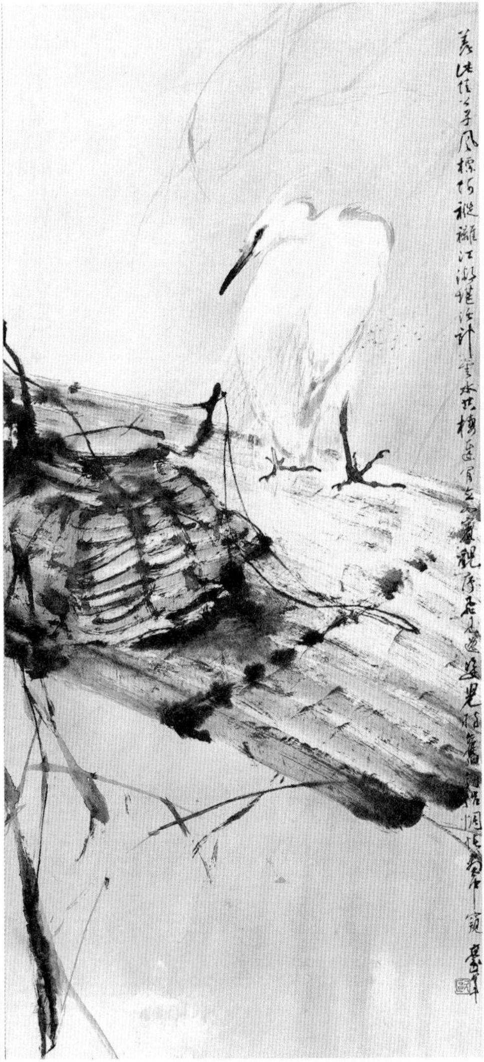

歐豪年繪

如何結緣？

在佛教裡常常講到因果，「因」要成為「果」，這當中有一個很重要的條件，就是「緣」。「緣」是一種力量，能夠增上，能夠生長。把一粒種子播撒到泥土裡，必須要有陽光、空氣、水分等助緣，它才能開花結果。「緣」是從「因」到「果」的重要條件，所以我們做人處事，希望成功立業，就必須懂得把握因緣，時時與人廣結善緣。至於「如何結緣」？有四點意見：

第一、要感謝過去的因緣：沒有過去的因緣，就沒有現在的結果。例如父母是我們過去的因緣，父母生養我們，我們孝順父母，就是回饋他們所給予的過去因緣。再者師長教育我們、親朋好友鼓勵我們、國家保護我們，社會的士農工商成就我們，我們必須感謝過去的種種因緣，才能有所回饋。今日社會亂象紛陳，就是起於大家不知感謝因緣，認為一切都是理所當然的，甚至不但不知感恩，而且抱怨、不滿，所以抗爭不斷。

第二、要珍惜現在的因緣：經云：「人身難得」，猶如「盲龜浮木」。又說：得人身的機會如爪上泥，失去人身的機會如大地土。人道是升沉的樞紐，由於做人苦樂參半，最好修行，因此三世諸佛皆於人道成佛。我們現世能夠得生為人，這是很殊勝的因緣，我們應該珍惜這份因緣，為生命積極奮鬥，樂觀進取。只要我們珍惜因緣，凡事就會恆長，因為「珍惜」是生命的延續，「珍惜」是生命的永恆。

第三、要把握當下的因緣：人生的機遇，可遇不可求，稍縱即逝，所以我們要好好把握當下的善因善緣。甚至不管順逆、善惡、好壞的因緣，

孫家勤繪

只要我們有佛法，都能轉化為菩提增上的好緣。例如春風夏雨可以成長萬物，秋霜冬雪一樣可以成熟萬物；鳳梨沒有經過風吹日晒，就不能由酸變甜。所以，人不要怕困難，不要怕逆境，沒有困難就無法開發智慧，沒有逆境就不能堅定意志。一個善於把握當下順逆因緣的人，成就一定比別人快，比別人大。

第四、要培植未來的因緣：世界上最美好的事情就是結緣。所謂「未成佛道，先結人緣」，有的人碰到困難，就會有貴人及時相助，這是因為曾經結緣之故，因此今日結緣，就是來日患難與共的準備。在日常生活中，對人說幾句好話，就可以與人培養未來的因緣；給人一點方便，也可以結下不可思議的善緣；對別人尊重，心存歡喜，更能種下日後美好的因緣。

緣，有近緣，有遠緣；緣，有的看得見，有的看不見；緣，也有過去緣、現世緣、當下緣和未來緣。所以，如何結緣？

- 第一、要感謝過去的因緣。
- 第二、要珍惜現在的因緣。
- 第三、要把握當下的因緣。
- 第四、要培植未來的因緣。

隨緣不變

有一些人，常常把一句「隨緣」掛在口頭上，以為什麼事都可「隨緣」。其實「隨緣」不是沒有原則、沒有立場，更不是隨便馬虎，「緣」需要很多條件才能成立，能隨順因緣而不違背真理，才能叫做隨緣。隨緣的人有四種不變：

第一、不模糊立場：每一個人不論思想、觀念，甚至生活、工作，都應該有一套遵循的行事立場。例如，道德是儒家孔孟的立場，正派是君子的立場，慈悲是菩薩度眾的立場，人間佛教是佛光山弘揚佛教的立場，不親近外道邪教，則是佛教徒的立場。佛陀經過多生累劫修行，也是堅持信念立場，才能圓滿佛道。因此，要掌握立場才不會曚昧糊塗，迷失自己。

第二、不喪失原則：原則，是一個人的立身處世的依據。人在名利之前有所斟酌考量，那就是他的行事原則；君子所以為人尊重讚譽，是有其是非善惡的原則。俗云：「沒有規矩，不能成方圓。」火車行駛不能出軌，飛機飛行不能偏離航道，否則後果不堪設想。在世間上做人，雖然要通情達理、圓融做事，但更要以因果軌範為原則，才能夠達到事理一如。

第三、不違背真理：莊子妻死，他知道生死如春夏秋冬四季的運行，既不能改變也不可抗拒，所以能「順天安命，鼓盆而歌」；陸賈《新語》云：「不違天時，不奪物性。」明白宇宙、人生都是因緣和合，緣聚則成緣滅則散的真理，能隨順不違逆，才能在遷流變化的無常中安身立命，隨遇而安。

第四、不改變真心：佛陀對前來壞法的魔王波旬說：「佛法是從真心本性流露，是眾生共同所有，你無法破壞的。」生活上，衣服大了可以改小，物品故障也能修復，房子老舊可以重建，甚至身體可以美容換膚，骨頭斷了可以再裝義肢，可是人人本具的清淨本心，是不會迷失改變的。只要我們擁有「真心」，任何煩惱困難都可以迎刃而解。

「隨緣」不是隨便行事、因循苟且，而是隨順當前環境因緣，從善如流；「不變」不是墨守成規、冥頑不化，而是要擇善固執，一以貫之。生活中，如果能在真理的原則綱領下守持不變，在小細節處隨緣行道，自然能隨心自在而不失正道。所以「隨緣不變」是：

第一、不模糊立場。

第二、不喪失原則。

第三、不違背真理。

第四、不改變真心。

緣

佛教講「因緣和合」，說明宇宙世間人生，是結合各種條件而存在的，彼此都有相互依存的關係。一旦缺少「緣」，諸事難成，因此「緣」很重要。懂得培養善緣，好運也會跟著來。如何結「緣」呢？

第一、你我相識就是有緣：「緣」很奇妙，所謂「有緣千里來相會，無緣對面不相識」，人與人相遇都要有緣分，但也要靠自己來維繫。所以有智慧的人，珍惜每一件事、每一個人、每一個當下的因緣。

第二、面帶笑容廣結人緣：一個微笑能使煩惱的人得到解脫，使疲勞的人覺得舒適，讓悲傷的人感到安慰，甚至也可以誤會冰消。用微笑可以美化人生，這世界就會增添一分色彩，人間也會多一分溫馨。

第三、布施歡喜給人善緣：給人一點歡喜，一點方便，就是給人善緣。一塊錢的布施、一句好話供養，一件善事幫助別人，都是給人歡喜。集這許多善美的「一」，可以「種一收十」、甚至「種十收百」，美好因緣都會回報於自己的。

第四、你對我錯要能惜緣：弘一大師說：「持己當從無過中求有過，非獨進德，亦且免患。待人當於有過中求無過，非但存厚，亦且解怨。」與人相處，自己肯認錯，會得到諒解，會有所進步；你對我錯，能退讓一步，就是珍惜緣分，彼此惜緣。

第五、損我逆我要消孽緣：人生難免有逆境惡緣，心甘情願的面對，把損我、逆我的因緣，如同菩提達摩所云：「若受苦時，當念『此係我宿殃惡業果熟，所以甘心忍受，都無冤訴』。」就能消除不好的因緣，甚至轉化為逆增上緣，人生境界會更提升。

第六、生老病死能了塵緣：「死」是另一個「生」的開始，「老病」是生到死的過程，若看透這些循環，就能了解人生，不會太介意。所謂有緣住世間，無緣就離開。離開世間，也不是就沒有了，因緣聚會時，它又會再來人間。所以「生老病死」是了塵緣。

第七、果報好壞皆是因緣：所謂「眾生無我，皆由業所轉，苦樂齊受，皆從緣生，若得勝報榮譽等事，皆是過去宿因所感，緣盡還無。得失從緣，心無增減，喜風不動。」福禍、善惡、好壞，都在自己起心動念、行為造作之間，因此都有前因後果，都要自我承擔。

第八、慈悲喜捨修成佛緣：所謂「未成佛道，先結人緣」，修學佛道更要廣結善緣，尤其奉行「慈悲喜捨」四無量心，是行菩薩道的精神，是度眾的最佳法門。因此，具備四無量心，可以廣修無量善行。

佛教講培養因緣，能以上述八點來結緣、惜緣、隨緣、明白因緣，生活可以幸福和諧，獲福無量。

第一、你我相識就是有緣。

第二、面帶笑容廣結人緣。

第三、布施歡喜給人善緣。

第四、你對我錯要能惜緣。

第五、損我逆我要消孽緣。

第六、生老病死能了塵緣。

第七、果報好壞皆是因緣。

第八、慈悲喜捨修成佛緣。

自課偈

諸葛亮〈陳情表〉：「陛下亦宜自課，以諮諏善道，察納雅言。」說明「自課」是一種自我省察，自我內省的功夫。在佛門，有共修的功課，也有獨修的密行，如抄經、禮佛、參禪、閱藏，皆是自課。自課能夠激發吾人精進的向上心，像漢代孫敬好學不倦，時欲寤寐，懸頭至屋梁以自課，期能讀書有成；《大寶積經》也提及：「菩薩為欲成就善法，堅固自課發起精進，又為一一眾生，盡未來際於生死中，次第修行諸精進行而不疲倦。」

如何安排自課，以下四點意見貢獻給大家：

第一、禪淨律貫通並修：《楞嚴經》有云：「歸元性無二，方便有多門。」佛法本是一體，只是應不同根機而設有多門。禪、淨、律雖是各行其道，但百川歸於大海，同一水性，無二無別。尤其這是一個講究融和的時代，唯有相互融和，才能和諧，增加力量；修行是全面的，倘若相輔相成，我們的修持將更為圓滿。

第二、說寫作凡事都會：多元化的社會，人性的需求也隨之豐富，在時代腳步的催促下，只有不斷的充實自身，向多元化的方向學習，才能不被大時代淘汰，也才能滿足現代人的需求。有人說：「為學有如金字塔，要能廣博要能高。」菩薩大悲大願化度眾生，也要具備五明，所謂「為度一切眾，遍學一切法」、「法門無量誓願學」，因此充實多方面的能力，說寫作等凡事都會，是自課應有的觀念與作為。

第三、你我他都能融和：《阿含經》有則寓言，古時有隻共命鳥，只

本圖原藏敦煌藏經洞為
最完整之禪淨盛唐作品
後被斯坦因攜走今僅依
原圖畫成唯著色則全憑
己意用心處在賦予新貌
仍不失古意
大風堂門人秦安孫家勤畫
孫家勤繪

有一個身體卻有兩個頭。有一天飛到一座森林，右邊的頭發現一顆香甜的果子，而獨自享用，左邊的頭嫉妒萬分，四處張望，發現靠近自己的地方也有一顆有毒的果子，因氣不過對方，便把那顆毒果吃下去。這隻共命鳥把自己推向死亡的路上。你我也像共命鳥，沒有互助，便無法生存；沒有互敬，就會彼此仇視；沒有互愛，就會冷漠疏離。吾人都是需要在「你我他」的關係中成長，所謂「若見人我關係處，一花一葉一如來。」人我關係是吾人一生必修的自課，若能做到「初見三句話；相逢一微笑；爭執一回合；讚美要適當」，則你我他都能融和共處。

第四、體相用一切具備：修行不僅是為了成就自己，更是為了利益眾生，所謂「嚴土熟生」即是，因此不但要了達本性，更應發揮力用。修行就是要效法佛的風範，行佛之所行，承認自己是佛，將自己的佛性表現出來，在待人處事上，發揮佛的精神，唯有理事圓融，體相用具備，才能真正透澈佛法真義。

既名「自課」，即以不打擾別人為重要。自課不限於唱讚誦偈，無論是修行、人際、說寫乃至道理現象都應具備，融會貫通，如此才能提升吾人內心的涵養，養成自動自發的學習精神。只要用心、踏實，在自課中便能享受到箇中的樂趣及味道。

- 第一、禪淨律貫通並修。
- 第二、說寫作凡事都會。
- 第三、你我他都能融和。
- 第四、體相用一切具備。

如何調御

釋迦牟尼佛有十個名號：如來、應供、正遍知、明行足、善逝、世間解、無上士、調御丈夫、天人師、佛。其中「調御丈夫」，意即佛陀善於教化、調順眾生，正如馴馬師善於調御馬性。人也各有專長，各有其性，服裝設計師，要調配衣服配件；完美的舞台設計，要配合劇情、燈光、音效等。而一般人如何調御？有四點：

第一、藝人善調音韻：善調琴者，會調出最美的音韻，太急太緩，都不好聽。而佛陀在《四十二章經》中說：「弦緩不鳴，弦急絕聲，急緩得中，諸音譜已。」就是開示：修行如調琴，調適得好，音韻才會和諧美妙；求道也是一樣，求道不切，身心散亂；求道過急，身心太疲，容易心生煩惱而退失道心。身心柔和安穩，調心適中，才可悟道。

第二、船伕善調櫓舵：船伕駕船，好壞全憑掌握櫓舵的技巧與經驗。所謂「尋流而行，不觸兩岸。」搖得好，才走得順暢，也才能安全抵達終點；搖不好，不但危險，還會有翻船之虞。而我們每一個人，也都是自己人生的掌舵人，要善調櫓舵，才能乘風破浪，航向成功的彼岸。

第三、巧匠善調土木：一間美輪美奐的房屋，必須結合木工、瓦工、水泥工、裝潢師等人的力量，才能順利完成。是巧匠，他會懂得調配水、土、沙、泥，甚至知道如何讓破銅爛鐵鍛鍊成鋼，建造出一棟穩固的房子。反之，如赫胥黎所說：「拙劣的工匠，埋怨他的工具」，你給他再怎麼好的材料，還是做不出什麼東西出來。

第四、智者善調身心：身體的健康，可以藉由營養、作息、運動來維護，心靈的歡喜與否，卻是可以自己來掌握創造。有智慧的人，不僅調伏外境，更懂得調伏其心。所謂：「學道猶如守禁城，晝防六賊夜惺惺，將軍主帥能行令，不動干戈定太平。」擒賊先擒王，心調伏了，眼、耳、鼻、舌、身，自然跟著調伏。

善騎先御馬，彈琴先調音。情感要不執不捨，得用中道的智慧來調御；身心要自由自在，要用戒的精神，來調御身口意三業。如何做一個聰明的調御師？有這四點：

第一、藝人善調音韻。

第二、船夫善調櫓舵。

第三、巧匠善調土木。

第四、智者善調身心。

與時俱進

現今社會成長迅速，科技發展一日千里，「與時俱進」成為順應時代潮流的必然趨勢。好比一個企業要永續經營，就必須不斷的調整與創新，才能適應大環境的改變。「與時俱進」有四點：

第一、觀念要與時俱進：所謂：「觀念改變行動，行動改變命運。」時代在進步，人的思想觀念不能固守窠臼，否則趕不上時代脈動，就會成為落伍者。觀念與世界接軌，行為修正改進，舉凡經營理念，要適應發展需求，甚至消費觀念，也要取向理性正當，環境保護等等，都要隨著時代的改變，而予調整、適應。

第二、教育要與時俱進：古代讀書人，為了找尋良師，跋山涉水，不辭辛苦。時代進步，隨著科技發展、社會的需要，政府積極推動「十二年一貫教育」、「終身學習」、「社區大學」，公司機關推動「在職進修」等，更是打破時間、地域的限制，透過電視、網路、遠距教學課程，學習領域已無國界。教育方法也從填鴨式到互動式，態度則從嚴厲、打罵教育，轉為慈愛、啟發教育。因此，每個人更要放開心胸，接受教育，成長自我。

第三、眼光要與時俱進：短視的人只會計較眼前，近視的人則看不到未來遠景，因此人要有遠見，不單是看到今天的努力，還要規畫明天的方向；不單是看到今年的豐收，更要想到明年、後年，乃至十年、二十年、百年後如何收成。近年來許多大學紛紛開辦「未來學」課程，就是讓學生學習立足當下，開拓視野，放眼未來，提出因應對策，以延續生命的發展。

第四、胸懷要與時俱進：過去交通不發達，彼此間的往來，只侷限在自己家人、鄰近朋友。到了現代，不只交通方便，網路的發達，使得訊息傳遞更加迅速，彼此接觸、影響層面愈發深廣。因此，人們的心胸也應與時俱進，所謂「無緣大慈，同體大悲」，從對少數人關懷，進而對人類關懷，同時保育植物，愛護動物，彼此互賴依存，做個同體共生的地球人，讓未來子孫繼續享有這塊土地的美好。

時代發展，不光是在有形物質上擁有更多，更應重視無形內財的增上。因此，「與時俱進」有以下四點建議。

- 第一、觀念要與時俱進。
- 第二、教育要與時俱進。
- 第三、眼光要與時俱進。
- 第四、胸懷要與時俱進。

真正閉關

閉關是佛教修行法門之一，主要目的是要修行人，將妄動散亂的身心關閉凝注起來，斷除紛擾俗念，養深積厚，將來能夠利益群生。但是有些人才初學道，就馬上要到深山閉關，逃避人間責任，成為懶惰的藉口。或者，也的確有人閉關悟道，可是他卻不管世事，不發心弘法，不願廣度眾生，維摩詰居士批評這類的行者叫「焦芽敗種」，佛陀喝斥他們是「自了漢」。什麼才是閉關的真義呢？有以下四點：

第一、關閉六根賊：《法句經》中，佛陀以「龜為護命，將頭尾四足縮藏於甲殼中」的譬喻，教導眾生應收攝六根，不為外界六塵所害。唐朝張拙云：「一念不生全體現，六根才動雲遮天。」六根像盜賊一般住在我們身體裡，讓我們迷於癡惑瞋愛，因此修行最要緊的一件事，就是要「密護根門」，轉六根賊為六波羅蜜，自能脫離苦海。

第二、禁

道行法師繪

遏妄想心：人類因為有思想而進步，但是思想有時也像污水一樣，必需淨化，才能供人飲用。尤其我們每日生活在妄想中，忘失自己本性光明，身披寶冠纓絡，卻甘願隨煩惱起舞、流輪。因此，吾人應提起正念，遏止妄念奔馳，明白一切事相生滅變化，如夢幻影像，遠離顛倒妄想，才能心無罣礙，遠離一切怖畏。

第三、正觀三毒賊：佛教指出，貪瞋癡煩惱通攝三界，它危害眾生出世善心最甚，讓有情受苦而不得出離，所以稱為「三毒」。《原人論》說：「三毒繫意，發動身口，造一切業。」佛陀開示四聖諦、八正道、十二因緣等，就是在教化眾生遠離貪瞋癡邪見，吾人應以聞思修正見正觀，知世間苦，樂出世法，拔除三毒根本，才能獲得永恆的利益與安樂。

第四、清淨身口意：要清淨身口意三業，最簡單的法門就是「三好運動——做好事、說好話、存好心」。此外，《普門品》當中也說口常稱誦、心常憶念，身行恭敬禮拜觀世音菩薩，能蒙受利益。三業清淨，就能離諸障惑，三業清淨，就能出生力量，人生就能自我健全，自我提升。

禪門裡有謂：「不破參，不閉關；不開悟，不住山。」吾人修行要先福慧資糧具足，才談得上住山閉關。否則一個人在關房中，心不能自在安住，充滿種種貪瞋愚癡、執著罣礙，那也不算閉關；嚴重者知見不對，盲修瞎練而走火入魔，也時有所聞。因此真正的閉關要能做到：

- 第一、關閉六根賊。
- 第二、禁遏妄想心。
- 第三、正觀三毒賊。
- 第四、清淨身口意。

共住的原則

一個人，在家庭裡，必須和父母、親人共住；到學校求學，必須和同學共住；在社會上做事，有時也必須和同事共住；就是組織家庭，也要和公婆、配偶、兒女共住；如果是當兵、出家，那更不用說，必須和來自不同家庭背景、個性差異極大的眾人共住。因此，如何與人共住，便成為一個很重要的問題。

佛教自佛陀創教以來，即以六和淨：「身和同住、口和無諍、意和同悅、戒和同修、見和同解、利和同均」，作為大眾共住的基本規範。佛教傳到中國，祖師以叢林清規規範僧眾行、住、坐、臥之生活準則。例如，東晉道安大師首次制定僧尼軌範佛法憲章、唐代懷海禪師制定百丈清規，其他還有備用清規、日用清規、禪苑清規等，都是叢林規制之共住規則的記載。

人是群居的動物，人不能離群而居，縱使獨居也是短暫的時間。所以，共住必須講究共住的基本原則。以下有四點，提供現代人參考：

第一、不可以要求特權：不管是一個家庭、一個社團，還是一個國家，大家都要維護這個團體的倫理次序，不能有人要求特權。假如一個團體當中，有人要求特權破了前例，則整個團體的次序都會擾亂，因為你也要特權、他也要特權，那麼還有什麼法治可言呢？所以在法律之前，人人平等，才是一個民主的社會。

第二、不可以害群擾眾：在團體裡，我們不可以作害群之馬，不可以讓團體因我而受害；不可以讓國家因我而蒙羞。過去在台灣，曾經有不法商人殺食老虎，還有人到外國去屠宰海狗，致使全世界的人要杯葛台灣，不購買台灣生產的物品，以經濟來制裁台灣。所以我們不可以害群擾眾，破壞團體的形象。

第三、不可以講情壞法：有不少人為了自己的利益，走後門關說；或是以人情攻勢，不顧法律，只圖個己之利益，這都是破壞共住原則的人。

第四、不可以離眾脫逃：當團體的眾人為公事而忙碌的時候，我們不可以在大眾當中渾水摸魚，推三阻四，虛應故事；或是因一句不中聽的話，棄眾而去；因為一件事情不如意，拋棄團體而走。像這種人都不夠資格在團體裡和人共住、共有、共享。

共住的原則，有四點必須注意：

第一、不可以要求特權。

第二、不可以害群擾眾。

第三、不可以講情壞法。

第四、不可以離眾脫逃。

孫家勤繪

安住

「安住」，是找到一個最適切的居所，讓生活遠離煩憂，人生得以開展。然而，世事如白雲蒼狗，變幻莫測，看似萬能的金錢，實則「五家共有」；應是最真的感情，實則人情如水；功名最為富貴，也難免興衰更迭。究竟，我們要安住在什麼地方？安住後又要如何開展自己呢？今舉出四點意見：

第一、住於戒律而具多聞：國家有法令，團體有制度，遊戲有規則，就是在自然界，也有大自然生存的規則，不能違背的因果。因此，我們應該安住於戒律之中，生活規律要正常，待人處事要正常，思想觀念要正常。然後才能開拓自己的心胸、視野，多方學習，博學多聞，做一個智圓行方的人。

第二、住於慈悲而起智慧：慈悲是清淨的感情，對象遍及一切有情無情。假如有限有量、計較分別，就不是真正的慈悲了。慈悲的力量無遠弗屆，如《八大人覺經》說菩薩「等念怨親，不念舊惡」。我們的舉心動念，應時時刻刻安住在慈悲之中。但是，慈悲不能濫慈悲，也不能糊塗的慈悲，如同父母教育兒女，具備智慧、明理，有時以愛攝受，有時以力折服。

第三、住於能力而起大用：人的能力有兩種，一是外在的專業技能，二是內在心性的涵養，例如勤勞、耐煩、積極、熱忱等等。單有聰明才智，沒有品德做嚮導，能力一旦用錯地方，就會走入歧途，或成為智慧型的罪犯；而單有良好的品德，但是沒有好的專業能力，雖人品善良，發揮的空間也有限。所以，我們要安住在自我能力的養成，善用之，回饋世間，造福人類。

第四、住於寂靜而常觀察：當人的情緒波濤洶湧，或是鬱悶煩躁時，由於理智不能思考，很

歐豪年繪

容易一時衝動，而抱憾終身。有句話說「因寂生慧」，好比寧靜的深夜，能聽見許多細微的聲音，同樣地，在心境的寂靜中，思想清明，自然就能升起觀察人世間的智慧，知道自己該何去何從。所以，我們要學習將身心安住在寂靜裡，保持心緒的平和。

心外求法，終不可得。人一生的追逐與學習，最後還是要回歸到自心本性的探索。安住在自我的淨化、修身養德之中，只要我們能心安，何處不住？以上四點意見，提供參考：

第一、住於戒律而具多聞。

第二、住於慈悲而起智慧。

第三、住於能力而起大用。

第四、住於寂靜而常觀察。

命與運

世間上的人，常常將挫折災難歸咎於自己的命運不好，或運氣不佳，所以為了改變命運，便到處求神問卜，希望能夠獲得神明的指引，從此一帆風順，飛黃騰達，或者趨吉避凶，一路平安順遂。其實，每個人的命運好壞，乃是過去的業力加上現在的行為，而果報亦有所不同，列舉如下：

第一、心好命又好，富貴直到老：當一個人過去世種了很多福田，結很多善緣，當他一生下來，可能就擁有很好的生長環境，長大後享有成功的事業，以及圓滿的家庭生活。如果能夠常保善念，以一顆善良的心繼續行善救濟，服務人群，如此一生不僅擁有有形的財富，也擁有無形的法財，如佛陀時代給孤獨長者，布施行善，聽聞佛法，讓一生沒有空過。

第二、心好命不好，災轉為福報：有的人雖然沒有優渥的生活環境，但卻擁有一顆上進且善良的心，經常幫助別人。過去有一位心地善良的小沙彌，命中只能活到七歲，但因為他一時的慈悲，救了一群受水圍困的螞蟻，於是便改變了他的命運。所以命好不好不重要，心好才是長久保命之道。

第三、命好心不好，福變為禍兆：有的人生來便擁有很好的福報，可以隨心所欲的過日子，懂得造福的人，可以累積更多的福報。如果一個人雖然擁有很好的條件，但是卻不知珍惜，比如做生意沒有誠信，建房子偷工減料，或是從事不正當的買賣，一旦東窗事發，不但有刑責，有時還要付出相當大的代價與賠償。

第四、心命俱不好，遭殃且貧夭：社會上有些人，命運不好，在貧苦之中求生存，有的人會努力，奮發向上，改變現狀。有的人則自暴自棄，怨天尤人，對於他人的好運氣或生活，心生怨恨想要破壞，於是造作一些不好的行為，偷盜強奪，或販毒走私，為了一時的暴力，不惜鋌而走險，甚至斷送性命。一個心命俱不好的人，最後也無法改善自己的生活。

第五、心可挽乎命，命實造於心：有的人很認命，吃苦耐勞，只求溫飽。有的人不會向命運低頭，勇往直前找出改變命運的方法。其實我們的命運，都是掌握在自己的手中，而要掌握命運，就必須先好好改造我們的心，因為心是我們的主人，所以必須培養出一顆善良的心，有正知的心，才能真正改善我們的命運。

第六、吉凶唯人招，最好存仁道：人的一生吉凶禍福都是自己造業的因緣果報，俗話說，「善有善報，惡有惡報，不是不報，時候未到。」所以，當一個人心存惡念，又造了惡業的時候，有一天自然也會有惡運來臨。若有一個心存仁愛，日日行善，廣結善緣之下，除了積功累德以外，亦會有貴人相助，脫離困境。所以命運的好壞，都是操之在己也。

每一個人都有屬於自己的命運，不管命運是好是壞，好的我們要修福繼續維持，壞的我們要努力行善將它改善，重新擁有一個不一樣的人生。

「命與運」有下列六點：

第一、心好命又好，富貴直到老。

第二、心好命不好，災轉為福報。

第三、命好心不好，福變為禍兆。

第四、心命俱不好，遭殃且貧夭。

第五、心可挽乎命，命實造於心。

第六、吉凶唯人招，最好存仁道。

有情的層次

佛教講，人是「有情」眾生，甚至一切有情識、有生命的眾生，都叫做「有情」。情愛是生命的根源，人是由父母的情愛結合而生出，所謂「愛不重不生娑婆」，因為有情愛，所以生生世世不斷的在生死裡輪迴。

關於「有情的層次」，有四點看法：

第一、娑婆因有情漸成國土：常有人問：「人從何處來？」人不會從天下掉下來，也不會從地下生出來，更不會由石頭裡蹦出來，所有的生物都是由「情愛」而來，所以我們所居住的娑婆世界，又稱為有情世間。娑婆世界，因有情眾生的業感招致，生此國土而有了各種種族、各式家庭，各個國家，所以「娑婆世界」也叫「有情世間」。

第二、眾生因有情妄執有無：「有情」又叫「眾生」，眾生是由眾多因緣和合而成。包括父精母血的緣，讓我來到這個世間；而世間的士農工商、宇宙萬有，都是幫助我們生存的緣，所以我們叫「眾生」。眾生因為有情，所以會執著「喜愛之境」，因此擁有時就會計較、比較，失去了就會傷心難過，這些都是因為「情」而產生的妄想執著。

第三、聖賢因有情悲天憫人：在有情眾生中，有一種比較特殊、超越一般人的，稱作「聖賢」。聖賢與凡夫不同的地方，在於聖賢雖有「情」但不執著。聖賢的情是悲憫眾生之情，因其不執著，所以不自我束縛，且能怨親平等，沒有分別地去行善布施。其因悲天憫人，所以願意救苦救難，犧牲小我，完成大我，這就是聖賢的情。

第四、菩薩因有情同體共生：佛教裡稱菩薩為「覺有情」，也就是

孫家勤繪

覺悟的眾生，他們自覺覺他，自利利人，廣行善巧方便，當他們看到眾生受到苦難時，即發起大慈悲心，他「視一切眾生，如己身」，故能「人飢己飢、人溺己溺」、「無緣大慈、同體大悲」。如地藏菩薩的「地獄不空，誓不成佛」；又如睒子菩薩的「走路時，不敢腳力太重，怕踩痛了大地」，這都是菩薩的同體共生之情。

人皆有情，但要用理智來淨化感情、用慈悲來運作感情、用禮法來規範感情、用道德來引導感情。把自私佔有的感情，轉化成無私的道情法愛；把有選擇、有差別的情愛，淨化為「無緣大慈，同體大悲」的慈悲奉獻，這樣的情感生活才能更豐富、更雋永。

「有情的層次」有以下四點：

- 第一、娑婆因有情漸成國土。
- 第二、眾生因有情妄執有無。
- 第三、聖賢因有情悲天憫人。
- 第四、菩薩因有情同體共生。

人生一字訣

每個人在一生當中，總會遇到改變自己人生觀的人事物，有的人因受到一句話的影響，而改變人生的方向，也有人是受到一個「字」的啟示，而改變人生的抉擇。

人生的「一字訣」是什麼呢？有四點說明：

第一、為人之德只一「讓」字：俗語說：「退一步海闊天空」，做人之德性最重要的就是謙讓。「讓」，是中國固有的禮法，大至帝王的「禪讓」政策，小至家喻戶曉的「孔融讓梨」，都是讓人千古讚揚的德性。《六祖壇經》云：「讓則尊卑和睦」，生活中，如果人人重禮讓，則能減少彼此的磨擦，且能相互尊重，更不會有相忌相爭的行為。如荀子說：

「爭則亂，亂則窮。」只要人人禮讓，則社會必能安和，所以「讓」是為人的重要德行。

第二、立身之道只一「正」字：人要立身於天地之間，凡事都應該要本著「正」字，如正知、正見、正思、正派、正念等。「正」，是處事的根本，「正」是領眾的基礎，孔子說：「其身正，不令而行；其身不正，雖令不從」。一個人只要凡事「正」直，心胸坦蕩，即使在困難逆境之中，仍能守「正」而行，則其德風，必能讓眾人心悅誠服，其處事之道，必能攝服眾人。

第三、行善之要只一「施」字：你要做善事嗎？做善事要能施，如布施時間、布施體力，布施財務，甚至一個笑容，一聲問好，都是行善之舉。行善如果要求別人感謝你，對你有所回報，甚至希望因此而獲得名

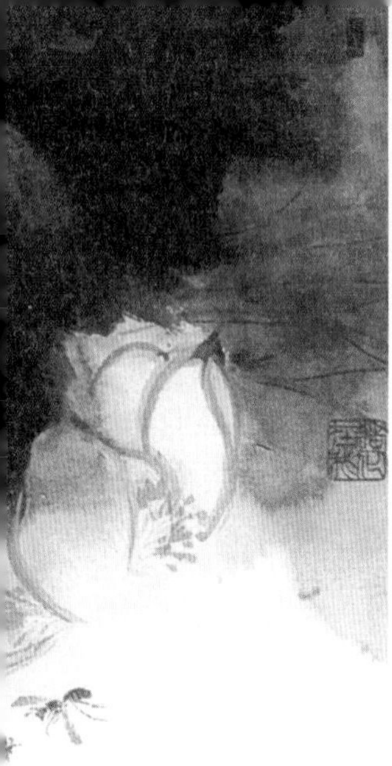

聲，那就不叫布施，而稱為「貪」。

布施要如《金剛經》所說「三輪體空」，才是真正的布施，就如太陽普照大地，如甘霖潤澤萬物，都是無悔的付出，是不求回饋，沒有利害的往來，這才是真正的善行。

第四、朋友之交只一「淡」字：莎士比亞說：「有良友為伴，路遙不覺遠」，朋友是人生旅途上非常重要的伙伴。但是朋友相交要能生死與共，而不是只在利益上的往來，如歐陽修說：「君子以同道為友，小人以同利為友」。如果朋友往來是在「利」上相交，當利益衝突，或是無利可圖的時候，友誼將因此生疏甚或交惡。因此友

孫家勤繪

誼不在濃情密意裡，而在禮義道德上；朋友之交，要「淡」才能長久。

金錢有用完的時候，道理則能一生受用不盡；能夠讓人受用的道理，即使一句，甚至一字，都是彌足珍貴。人生一字訣有四點：

第一、為人之德只一「讓」字。

第二、立身之道只一「正」字。

第三、行善之要只一「施」字。

第四、朋友之交只一「淡」字。

人生的第一

人都希望自己樣樣「第一」，然而你也第一，他也第一，誰來做第二呢？其實，人不一定要在財富、事業、功名上爭第一；一個人最要緊的是在自我要求，以及在精神、道德方面，努力發展自己的第一才是重要，所以有四點「人生的第一」提供參考：

第一、心術以純真篤實為第一：心是人的主宰，一個人的事業成就有多大，就看他用心多少、心量多大；一個人做人成功與否，則要看他的心術如何。有的人心術不正，處處算計別人，這種人到處令人迴避；反之，有的人宅心仁厚，完全用一片純真的心、篤實的心與人交往。你以純真、篤實之心和人共事、相處、來往，別人必然也會推誠置腹的對待你、尊敬你，所以與人交往，心術以純真篤實為第一。

第二、容貌以端莊和藹為第一：愛美是人的天性，尤其女人更重視自己的容貌，每天花在打扮儀容的時間永遠不嫌多。甚至不但以胭脂花粉化妝，近年來整容風氣更盛極一時。其實美容不如美心，真正的美人不在容貌的莊嚴，而在於心地善良、態度莊重、為人親切、對人友愛、待人和藹；一個人若具備這些善美特質，讓別人跟你相處時如沐春風，才是最美的人。

第三、語言以關懷真切為第一：語言是人際溝通的工具，講話更是一種藝術。有的人能言善道、辯才無礙，出言吐語，妙語如珠，到處受人讚賞。口才好的人固然佔有某方面的優勢，但是拙於言辭的人也不必因為自己不善表達而洩氣，因為說話重要的是真誠、懇切，只要能平實表達自己的意思，以及對人的真切關懷，還是能贏得對方的共鳴，所以語言以關懷真切為第一。

第四、行事以光明磊落為第一：有的人精明幹練，做事能力很強，一般人都很羨慕這種能幹、有辦法的人。但是做人心胸坦蕩、做事光明磊落更重要，所謂「書有未曾經我讀，事無不可對人言」。自己行事光明磊落、無私無貪，更能獲得別人的信任與賞識，所以行事以光明磊落為第一。

人生的目標因個人的志向、價值觀不同而有所別，但是以上四點「人生的第一」，還是足供吾人在為人行事之參考，那就是：

第一、心術以純真篤實為第一。

第二、容貌以端莊和藹為第一。

第三、語言以關懷真切為第一。

第四、行事以光明磊落為第一。

人生四原則

我們做事講究原則，做人也要講究原則；一個人如果沒有原則，所謂「見異思遷」，經常變來變去，則朋友不願與你共處，同儕不願與你共事。尤其居上位的人，如果沒有原則，朝令夕改，則百姓無所適從；師長如果沒有原則，是非不明，則令學生無所依循；父母如果沒有原則，賞罰不分，則令兒女無以學習。因此，我們要怎樣堅持原則呢？如何將所堅持的原則發揮到最高的價值呢？有四點意見：

第一、不因利害而放棄原則：有一些人，剛開始的時候很講究原則，不過到了利害當頭，他就只顧利益，不顧道義。這種因利害而放棄原則的人，往往無義、無信，別人自然也不會願意和他交往。

第二、不因得失而放棄原則：有的人，成功有所得時，他就講究原則，失敗有所失，他就放棄原則。人，不能以成敗來論英雄，也不是以得失來講人格。因此無論得失，一定要堅持原則，這樣的人才能受人尊重。

第三、不因親疏而放棄原則：有的人，因為你和我是至親好友，我就不和你堅持原則，一切都很好說話，都很容易過關。假如你和我的關係疏遠，沒有交情，我就對你百般刁難，不跟你合作。這種人私心太重，不容易有成就，所以真正成功的人，不因親疏而改變原則。

第四、不因有無而放棄原則：有的人，身在其位時，這個也講原則，那個也講原則；一旦卸任，身分改變了，他便放棄原則，不再堅持原則。其實「不在其位，不謀其政」，這是自然的道理，但是人

道行法師繪

生有許多做人做事的原則，這是不變的，所以不應以有無而改變做人的原則，這才是做人應該堅持的最大原則。

原則，是代表一個人的信用；原則，是代表一個人的人格；原則，是代表一個人的道德。做人要堅持原則，這是非常要緊的。

有原則的人，要注意這四點：

第一、不因利害而放棄原則。

第二、不因得失而放棄原則。

第三、不因親疏而放棄原則。

第四、不因有無而放棄原則。

人生四不求

年輕人求新立異，表示與眾不同，獨樹一格；老婆婆求籤問卜，希望兒女平安，事業順利；消極的人不求有功，但求無過；積極的人勵精求治，力求作為。事實上，在「求」之外，還有一個「不求」的世界。你看，「不求聞達」多麼逍遙，「不忮不求」，心無所畏；人到了無欲無求，那是人生一個很高的境界。人生有那四不求呢？

第一、治生不求福：我們從事種種行業經營生計，不能只是為了發財求福。台灣統一企業突破傳統經營方式，深入民心，改變現代人購買的生活習慣；日本松下幸之助，除了經營之道，他的教育觀、哲學觀、智慧理念，更影響了許多人。你如果不只想求發財、求貴、求福，反而利益更多人，方便更多人。

第二、讀書不求官：人為什麼要讀書？讀書為了做人，為了明理，為了完成自己的人格。讀書不是為了升官發財，也不是為了名聞利養。如果只是為了升官發財，是無法把書讀好；就算會讀書，知識也會走樣。

第三、修德不求報：《寶王三昧念佛直指》說：「施德不求望報，德望報則意有所圖。」梁武帝曾問達摩祖師：「我寫經、造寺、度僧有何功德？」達摩回答說：「毫無功德！」布施修德希望回報，是貪心而不是喜捨，是有漏而不是清淨。真正的布施修德，要像陽光，光明照耀大地，也像雨水，潤澤草木群生，它是不會想獲得回報的。

第四、能文不求名：一個人的名聲可以透過包裝而獲得，但內涵氣質卻是要經得起時間和外境的考驗。做人如果懂得文思、有學問、有思想、有智慧，以自身的學養道德，貢獻社會，為人服務，所謂「行善不以為名，而名從之。」你不必求名，自然「實至名歸」。

不求是不貪圖，不求是不苟得；不求之後，心甘情願，不求之後，不會怨悔，你的世界更寬廣無限，生命更積極豁達。吾人希望身心自在，要有「人生四不求」的觀念。

第一、治生不求福。

第二、讀書不求官。

第三、修德不求報。

第四、能文不求名。

道行法師繪

人生四階段(一)

人的一生，無庸置疑的，不是只有吃喝玩樂、虛度光陰的活著，生命是負有存在的期許和價值意義的，因此如何運用有限的生命，在每一個成長的階段裡展現出生命的光采，發揮生命的價值，這是人生的一大課題。關於「人生的四階段」，有四點意見：

第一、幼年時候要紮根自己：植物的生長，根部愈深入土壤裡，枝幹就愈粗壯。幼年時期是人格發展的關鍵時刻，影響未來面對人生的態度甚為深遠。《三字經》云：「幼而學，壯而行。」諸葛亮《誡子書》亦云：「非學無以廣才，非志無以成學。」因此一個人在幼年時，應當不斷學習，立志發願，如同植物的生長，為使根深柢固，要能紮根自己。

第二、青年時候要創造自己：所謂「少壯不努力，老大徒傷悲。」青年時期思想發達，志願廣大，年輕力壯，朝氣蓬勃，做事有衝勁，是最有生命力和創造力的階段，這個時候一定要努力創造自己。創造自己的價值，創造自己的特色，創造自己的前途，在士、農、工、商各種領域上發揮所長，為國家、社會貢獻一己之力。

第三、壯年時候要肯定自己：社會上，有各種的肯定，諸如榮譽的肯定、成績的肯定、比賽的肯定、學問的肯定等；其實最重要的是要自我肯定。孔子說：「四十而不惑。」人到了壯年的時候，要能肯定自己的所做所行，不能老是見異思遷。從事這個行業又想那個事業，交了這個朋友又想那個同事；有肯定才有信心，有肯定才會盡心，有肯定才能更加壯大。

第四、老年時候要完成自己：人到了老年的階段，待人處事都要能圓滿，要「人老心不老」，處處給人歡喜，時時給人希望，心心念念要跟人結緣，要為人服務。同時也可以趁著這個時候，完成年輕時未完成的心願，或著書立作，或將經驗傳承給晚輩，或是閉關修行，把身心放下，隨緣自在，讓此世今生了無憾事。

人生不管是在那一個階段，都要把人做好，就如唱一齣戲，怎麼開場、怎麼發展、怎麼高潮、怎麼結局，演出者都應該盡力詮釋每一個段落所要表達的含義。所以人生的四個階段，就是：

第一、幼年時候要紮根自己。

第二、青年時候要創造自己。

第三、壯年時候要肯定自己。

第四、老年時候要完成自己。

人生四階段（二）

人的一生，在正常的情況下，必會經過嬰兒期、童年、少年、青年、壯年到老年等幾個時期。在人生的每個階段，都有他應負的使命與該扮演的角色，自然每個階段的心態也不一樣。茲舉「人生四階段」說明如下：

第一、少年要有禮讚生命的感恩：少年時期猶如幼苗正待茁壯，面對未來的人生，莫不充滿期待與好奇，總想好好的揮灑一番。然而「年少輕狂」，容易任性而為，尤好追求刺激，因此飆車、飆舞、甚至聚眾鬥毆、打群架等，無所不來。殊不知少年時期，人生才正開始，應該珍惜生命，要知道生命的可貴，要禮讚人生的美好，要對生命充滿感恩。因為，父母生我、養我，老師教我、育我，社會大眾及國家培植我，才有今日之我，因此要有禮讚生命的感恩，才能莊嚴的面對人生，繼而踏實、努力的開拓人生。

第二、青年要有自覺信念的價值：青年時期是人生的黃金歲月，也是「而立之年」，自己的事業、人生都待開創，家庭責任也要一肩扛起。此外，青年是社會的中堅，是國家的菁英，因此要做社稷的棟樑，要做人民的模範，這是青年的使命。在此願心與信念下，必得時刻檢點自己的言行舉止，若有不當，要修正、要淨化，唯有透過自覺，不斷淨化，才能肩負使命，創造生命的價值。

第三、壯年要有活水源頭的精進：壯年是人生的顛峰，有的人努力付出後，看到輝煌的成果而意興風發、志氣昂揚；有的人對自己未能全力以赴，導致乏善可陳而後悔、沮喪。但是，不管結果如何，都應該重新收拾起心情，繼續奮發、精進不懈，不可因志得意滿而安於現狀，也不可因失志落寞而裹足不前。須知人生就像「跑馬燈」，不容片刻的猶豫、停頓，否則就是落伍。因此，人到壯年時期，要有活水源頭的精進，才能繼續再創人生的另一個高峰。

第四、老年要有淡泊養性的平靜：老年是退休頤養天年的時候，當人生「從絢爛歸於平淡」，有的人一時難以適應，而有「夕陽無限好」的感傷。甚至對於如何安度晚年，毫無計畫與心理準備，以致對未來感到悲觀、沮喪，終日惶惶不安、無所事事。其實，老年人應該歡喜過著「退而不休」的生活，可以把智慧、經驗傳承給後代。此外，可以蒔花植草、品茗下棋，過一種修心養性的悠閒生活，甚至信仰宗教，過一種淡泊無欲的修行生活。只要能平靜的安度老年，甚至面對生死都能無憂無懼，這就是人生莫大的福報。

人要做好自己的生涯規畫，要把握每個階段的人生，珍惜當下的每一個好因好緣，積極創造生命的價值。「人生四階段」提供參考：

- 第一、少年要有禮讚生命的感恩。
- 第二、青年要有自覺信念的價值。
- 第三、壯年要有活水源頭的精進。
- 第四、老年要有淡泊養性的平靜。

張光賓繪

人生四「最」

人，都希望自己能高人一等，希望在自己的一生當中，能獲得幾個「最」。如：我最慈悲、我最能幹、我最有為、我最成功、我最聰明，這個「最」就是第一的意思。一生中，能有幾個被稱為「最」，真是很了不起的事。在《法句經》裡也有四個「最」，可以稱得上是人生「最」應追求的目標，那就是：

第一、無病是最大的利益：每個人，都希望獲得很多的財富、擁有響亮的名聲、享有崇高的權位。但是，財富、名聲、權位無法換得健康的身體，而且一旦生了病，一切的名利、權勢都無法讓你免於病苦。所謂「積聚皆消散，崇高必墮落」，健康才是人生最大的財富，有了健康的身體，人生才有創造的動力，有了健康的身體，人生才有希望的未來。所以，無病才是最大的利益。

第二、滿足是最大的財產：俗語說：「人為財死，鳥為食亡」，不知足者，常因無法滿足欲望，鎮日疲勞辛苦，雖做著生活的牛馬，卻無法脫離貪欲之苦。老子說：「禍莫過於不知足」，人因不能滿足現狀，終而犯下竊盜貪污、侵佔傷害的過失。蘇東坡說：「人之所欲無窮，而物之可以足吾欲者有盡」，世間再多的錢財，不過是滿足三餐的溫飽；人生再高的權利地位，終究要面對四大的散去。所以顏回「簞食瓢飲」的不改其樂；陶淵明「採菊東籬」的悠然自得，都是說明滿足才是最大的財產。

第三、信賴是最大的親族：「信」是尊重別人的表現，孔子說：「民無信不立」。一個人能讓人信賴、讓人覺得有信用、讓人覺得可以依靠，此人必定有很好的人緣。政府要執行公權力，也必須先講求信用。《易經》云：「人之所助者，信也」，你能守信，才能讓別人信賴你，別人才能毫無防備而真心誠意的把你視為知己。例如同事間的相處、主管工作的託付、朋友間的交往、商場上的關係，都要看他對你的「信賴」程度如何，而有交情深淺的不同。所以，信賴是吾人最大的親族。

第四、涅槃是最大的安樂：人人都希望生活快樂無憂，但是世間的快樂不能常久，一旦快樂消逝，就會有失落的痛苦，所以快樂的背後往往伴隨著痛苦。例如世間的吃喝玩樂，常是過眼雲煙；社會的聲色娛樂，也是稍縱即逝，人生所應追求的真正快樂是涅槃。涅槃就是滅除貪欲、煩惱、痛苦之後，所獲得的一種解脫自在的境界，這才是人生最大的安樂。

「法句經」的四最，可以提供給我們做為建設美滿人生的參考。

四「最」就是：

第一、無病是最大的利益。

第二、滿足是最大的財產。

第三、信賴是最大的親族。

第四、涅槃是最大的安樂。

道行法師繪

人生四德

人應該要有美德，有四種人生的美德必須要培養：

第一、智慧的泉源，在於寧靜的內心：每個人，都希望自己聰明，有智慧，如何才能讓自己有智慧呢？《大學》云：「靜而後能安，安而後能慮，慮而後能得。」智慧的泉水，淵源於寧靜的內心，靜心就如濁水沉靜後才能照物，所以每一個人，每天都要有不少於一個小時，屬於個人寧靜的時間，甚至一星期中，不能少於半天、或者三個小時的寧靜時刻，如此才能反省過去與規畫未來。才智第一的諸葛亮，亦以：「寧靜致遠」為座右銘，因為靜才是智慧的泉源。

第二、忍耐的施予，在於慈悲的胸襟：我們對於世間要施予仁愛，怎麼樣才能把仁愛給人？必須具備惻隱之心。有了惻隱之心，才能有慈悲心；有了慈悲心，才能與樂拔苦，才能視人如己出，才能設身處地為對方設想。佛陀在因地修行時，就是具足悲憫眾生的慈心，才能「割肉餵鷹」、「捨身飼虎」；觀世音菩薩因為具有大慈大悲，才能聞聲救苦、隨處應現。所以忍耐的施予，在於慈悲的胸襟。

第三、勇敢的表現，在於堅忍的意志：自古以來，能夠在艱難險境中獲救重生者，或是殘而不廢受人肯定者，他們都是因為有堅忍的意志力，才能不被逆境打倒。科學家伽利略說：「現實的生活是一座熊熊的煉爐，通過熬煉的，才能成為精鋼；通不過熬煉的，便淪為殘渣。」如果你想通過現實大冶洪爐的磨練，就要有不怕困難，勇於接受挑戰的堅忍意志，所以勇敢的表現，在於堅忍的意志。

第四、願力的實踐，在於無私的奉獻：

孔子曰：「天無私覆，地無私載，日月無私照」。天地、日月因無私，所以能成其大；我們每一個人要想有所成就，就必須要有無私的願力。如阿彌陀佛在因地為法藏比丘時，發了濟度眾生的四十八大

黃才松繪

願，而成就莊嚴殊勝的極樂淨土；地藏王菩薩，也立下誓度無量眾生的大願，所以能成就道果。我們也可以立志作一個善人，造橋鋪路成就眾生；作一個有學問的人，將自己所學福利社會，造福人群。所以，願力的實踐，在於無私的奉獻。

人生就像一場馬拉松賽跑，要耐得住、耐得長、耐得久，必須要養深積厚、培養美德；能夠具足各種能力、德行，才能在人生的旅途上履險如夷。所以人生的美德有四種：

第一、智慧的泉源，在於寧靜的內心。

第二、忍耐的施予，在於慈悲的胸襟。

第三、勇敢的表現，在於堅忍的意志。

第四、願力的實踐，在於無私的奉獻。

「一」之用

「一」與「多」，一般人當然希望「多多益善」。其實「多」不一定就好，「一」有時候更有妙用。有一個故事說，有兩個人走在路上，一個人身上戴了一尊觀世音菩薩的項鍊，另一個人掛了許多神明的香火牌。忽然路上遇到了強盜，被強盜一刀砍下來，信奉觀世音的人沒有受傷，只是砍在項鍊上，項鍊被砍彎變了形，這個人當然萬分感謝觀世音菩薩以身代他受難。另外一個人雖然也掛了許多香火神牌，卻被一刀砍斷了膀子。這個人就心生埋怨，覺得自己的信仰一點也不差，為什麼信觀世音的人平安，我的膀子卻斷了。這時候他身上的眾多神牌說話了，祂們說：對不起！在很多的神明面前，我們誰來救你都不禮貌，所以一開始我們就推派城隍來救你。城隍不好意思，他就推派老子來救你，老子又再派關公來救你。正當我們大家你來我怎麼可能往，互相推來推去的時候，強盜一刀砍下來，你就受傷了。

這一個故事看來，「一」很管用，一個人的信仰不可以太複雜，要單純。有時候佛教也說「三個和尚沒水喝」，因此凡事最好能專一。「一之用」有四點：

第一、一忍可以擋百勇：做人要勇敢，但做事不能只憑勇氣，「小不忍，則亂大謀」，有勇無謀也不能成事。不如能忍的人，遇事冷靜，「靜而能慮，慮而能得」，反而能成事。所以一忍可以擋百勇。

第二、一靜可以制百動：武士比武，高手過招，要以靜制動；兩軍對峙，不明軍情時，一動不如一靜。所謂「寧靜致遠」、「靜極思動」，靜才能綜觀全局，才不至於妄動招禍。

第三、一勤可以成百業：儒家講「業精於勤荒於嬉」，又說「一勤天下無難事」。佛教講「四正勤」，並說「在家懈怠，失於俗利；出家懈怠，失於正法」，可見精進勤勞的重要。勤能補拙，人只要肯勤勞奮發，不管賢愚，都能開創出一番自己的事業。

第四、一善可以消百惡：經云：「一念善心，成佛有餘」。小沙彌因為一念善心，救了一群螞蟻而延壽，可見只要我們作一件善事，可以抵消無邊的罪業。因此我們不要小看自己的一念善惡，要念念清楚自己的舉心動念，能夠時時心存善念，自然可以隨緣消舊業。

佛教講「不二法門」、「一念三千」、「一即一切」，「一」的妙用無窮，所以「一之用」有四點：

第一、一忍可以擋百勇。

第二、一靜可以制百動。

第三、一勤可以成百業。

第四、一善可以消百惡。

歐豪年繪

一念之間

「一念之間」是佛教用語，亦是直指人心，最為切要的一句話。我們在世間生活，是好是壞？是善是惡？是福是禍？是貴是賤？都在一念之間。一念之間，哭婆變笑婆；一念之間，天堂變地獄；一念之間，立地成佛；一念之間，上窮碧落下黃泉。一念私我，畫地自限；一念為眾，有許多意想不到的福德因緣。對於「一念之間」，有四點意見：

第一、天下無難易之事，只問有心無心之人：世間的事情困難嗎？容易嗎？很困難的事情，在有心人的前面都不困難；所謂「天下無難事、只怕有心人」。反之，即使很容易的事情，在無心著意之人的前面，也是無法成功。所以世間沒有絕對的難易，有心無心，只在「一念之間」。

第二、天下無善惡之事，只問好心壞心之人：天下沒有什麼絕對的善、絕對的惡。像父母管教子女，老師教育學生，有時候給予挫折、壓力，或打罵、棒喝，卻能成就他的奮發向上，這能說不好嗎？若是父母溺愛，或酒肉朋友助其吃喝嫖賭，玩樂滋事，這種看似愛心的布施，反而成為造罪的根源。所以天下無善惡之事，只在好心壞心。好心行惡事都是功德，偽君子假惡為善，並非真善。所以善惡好壞，在於「一念之間」。

第三、天下無成敗之事，只問得心失心之人：綜觀天下歷史，誰是成功之人？誰是失敗之者？貴為帝王的紂王、夏桀，在人間留下千古的罵名。曾經在囚牢裡度過悠悠歲月的文天祥，為人間留下浩然正氣；史可法忠君愛國，戰敗猶榮，贏得清王朝的尊敬，追謚為忠正。可見天下沒有完全的成敗，成敗只在得心、失心的「一念之間」。

第四、天下無苦樂之事，只問煩心平心之人：在煩惱人之

歐豪年繪

前，快樂也是苦。對平等心的人來說，無苦亦無樂。譬如千年暗室，點燃一燈，就大放光明。所以苦與樂，只在一念心轉。「一念之間」，有如下四點：

- 第一、天下無難易之事，只問有心無心之人。
- 第二、天下無善惡之事，只問好心壞心之人。
- 第三、天下無成敗之事，只問得心失心之人。
- 第四、天下無苦樂之事，只問煩心平心之人。

「一分」的修行

煮菜，多撒一點鹽太鹹，放不夠又沒味道，適量最美味；煮飯，水加多了太爛，水放少了太硬；剛好的水，就會煮出一鍋香噴噴的飯。一分的修行也是一樣，比方說話，多說一分，人家嫌囉嗦討厭；少說一分，人家說你誠意不夠；說得好，就會說到人的心坎裡去。所以無論什麼，都要適中。這多一分、少一分之間，要如何修行呢？有四點意見：

第一、多一分理性，少一分衝動：平時做人處事，增加一點理性，就會少一分衝動，少感情用事，就不會誤事。感情衝動、瞋心暴怒，容易使小過變成大禍，即使有理，也會變為無理。因此，忍一時詬辱，能滅一時之戾氣，不逞匹夫之勇，就不會因為一時衝動造成遺憾。

第二、多一分公義，少一分特權：有些人會以特權達到自己的利益，這樣的行為使人變得自私，心中長養傲慢，讓人感到厭惡。在人群中，個人的行事應該低調，對大眾的需求、大眾的訴願，則要多爭取公義、公理，公理、公義伸張了，特權就減少了。

第三、多一分服務，少一分自私：人與人的關係是平等的，與人相處，如果都只想到自己，別人也會和你計較長短，相處起來容易有磨擦。假如你與人往來，真誠對待，給人多一點奉獻，多一分幫助，多一些的服務，必定少一分自私，朋友必定歡喜和你交往。

第四、多一分慈悲，少一分瞋恚：有的人遇到一點不如意，就大發脾氣，講話到處得罪人、傷害人，一句讚美的話都不肯講，其實，吃虧最大的是自己。假如在人際相處上，我多一分慈悲給你，多一分愛心給你，多一點善緣，少一分瞋恚，不要給你難堪，不要給你為難，彼此都會退一步想，留個將來見面相處的機會，這樣，空間反而更寬廣。

修行是一分一分進步的。《菩薩瓔珞本業經》云：「有受一分戒，名一分菩薩，乃至二分、三分、四分，十分，名具足受戒。」累積一分的修行，去除一分的習氣，就會減少一分的煩惱，漸漸而成就十分德行。

「一分」的修行有以上四點：

- 第一、多一分理性，少一分衝動。
- 第二、多一分公義，少一分特權。
- 第三、多一分服務，少一分自私。
- 第四、多一分慈悲，少一分瞋恚。

一日之中

我們一日之中的生活，可以過得多采多姿、無憂無慮，只要我們肯用心，適當調整身心，就能擁有安定的生活。如何做到呢？「一日之中」可以做到這四點：

第一、禪坐五分鐘：在忙碌、動盪的工作之餘，我們應該給自己一點靜慮的時間，化焦慮煩躁為平靜安適；有了清醒的頭腦，待人處事更能得心應手。調心最簡便的方式，不外禪坐。禪坐是一種心地功夫，什麼時間都可以坐，經常訓練禪坐，久而久之，心性也會變得更柔軟，甚至體會到三千大千世界就在一心之中。

第二、運動五千步：有的人常常藉口沒有時間運動，長此以往，體力就會隨著年齡的增長而減少。步行，雖然是一種非常簡單、不費力的運動，但是醫學證明，走路確實可以改善健康的狀況，而且走路不受空間的限制，大家可以多多步行。方便步行的時候，就不坐電梯，走路就能到達的地方，則減少開車的次數。如此，每天行走五千步，就能活得健康而長久。

第三、善事做一些：人之所以能夠生存，是眾人給予的因緣，好比穿衣，不經工廠製作那裡有得穿？沒有人種稻，如何有飯吃？因此，每一個人應當以感恩心來回饋社會。有需要協助的地方，就伸出援手；有能力做的事情，則直下承擔。西諺說：「一斤之善行，勝於十斤學問。」善行是學問的實踐，更甚於知識的累積。

第四、三餐要節儉：司馬光說：「人皆以奢靡為榮，吾心獨以儉素為美。」飲食方面，吃得健康最重要，什麼山珍海味、滿漢全席，只是多花錢罷了。有些人為了貪欲，三餐要求美食、佳餚，想一想，世間上還有許多人三餐不繼，我們怎能為了吃而揮霍無度呢？

人生不是一味地工作賺錢，也不是一味地追求享受，要讓自己的身心經常與善法相應，心靈更提升才最重要。因此，一日之中可以安排自己做一些有意義的事情，不但利己又利他。

「一日之中」有四點意見：

第一、禪坐五分鐘。

第二、運動五千步。

第三、善事做一些。

第四、三餐要節儉。

一日之要

有句話說：「一日修來一日功，一日不修一日空。」同樣的一天，有的人精神飽滿，日子過得很充實；有的人萎靡不振，整日無所事事。同樣的一天，以不同的態度面對，收穫就有不同。所以，每個人都要為自己訂定目標，管理好每一天的生活。「一日之要」有四點：

第一、一日之行要記錄：時間一天一天的過去，過了就不再回頭，如果不立即用文字記下，往往就平白消逝了。透過寫日記，可以了解自己的成長過程，並作為自我的教育。寫日記不是記流水帳，可以做重點摘要，或記錄自己的慚愧、改過、精進、慈悲等等。經常寫一些與善相應的日記，久而久之，言語舉止也就能與善結合了。

第二、一日之事要反思：詩人海涅曾說：「反省是一面鏡子，能將我們的錯誤清楚照出來，使我們有改正的機會。」夏朝諸侯有扈氏起兵叛變，大禹派兒子伯啟前往抵抗，打了敗仗。伯啟的部下想要反攻，伯啟不贊成，他說是自己的德行不夠，應當先反省、改過。從此，伯啟任用賢能並自我策勵，有扈氏得到消息，不但不敢舉兵侵犯，反而帶兵歸順。所以，透過反求諸己，找出錯誤的原因，才能修正自己的行為，否則錯誤一再循環下去，後果不堪設想。

第三、一日起居要正常：健康是一切的基礎，人一旦失去健康，什麼都是空談。有的人為了賺錢日夜打拚；為了課業苦讀至三更，生活作息弄得晨昏顛倒，時間一久不但降低效率，還使身體不堪負荷，何苦呢？生活起居能正常，三餐定時，不過勞或過逸，才能擁有健康亮麗的人生。

第四、一日說話要歡喜：有的人一開口，就讓人歡喜好幾天；有的人一說話，就讓人心情低落。因此，我們說話要有分寸，要多說歡喜的話，少說悲觀的話；每天多說一些歡喜的話，不但激勵自己也鼓勵別人。而且，常說歡喜的話還能促進生活喜悅，化解嚴肅緊張的氣氛，何樂而不為？

美國富蘭克林說：「愛惜生命的人，不可以浪費時間，因為時間是組成生命的元素。」時間是寶貴的，每個人一天都只有二十四小時，如何讓這二十四小時過得充實有意義？「一日之要」有四點：

- 第一、一日之行要記錄。
- 第二、一日之事要反思。
- 第三、一日起居要正常。
- 第四、一日說話要歡喜。

一日的生活

你每一天的生活，是如何過的呢？有計畫嗎？春秋時，齊國的宰相管仲說：「一年之計，莫如樹谷；十年之計，莫如樹木；終年之計，莫如樹人。」所以每個人，都應該做好一年、十年、乃至終生的生涯規畫。除此之外，最重要的是，每個人對於自己一天的生活，尤其應該要有計畫，才不會虛度光陰，如陶淵明說：「盛年不重來，一日難再晨；及時當勉勵，歲月不待人。」

雖然一天天的生活，難免會有偶發的狀況，但是，在應付突發事件之外，我們還是要做好每一日的生活與工作計畫。每日的生活要如何計畫呢？有四點提供參考：

第一、思考於清晨：《大學》云：「物有本末，事有終始，知所先後，則近道矣。」早上是一日之始，也是腦筋最清醒的時候，你可以思考或在備忘簿裡記下今日要完成的工作有那些，並做好計畫如何去完成他。比方說：寫幾封信給朋友、完成朋友所託之事、完成主管交辦的事項等，如此每日的工作就不會有差錯或遺忘了。

第二、行動於白晝：古云：「今日之事，勿俟明日，自己能為之事，勿諉他人。」白天從用過早餐之後，就是一天工作的開始，在每一天的白晝，你應該要積極進取，勤奮用心的把所有策畫好的事情，在這一天之內完成。

第三、反省於日暮：每天到了日暮黃昏的時候，要養成自我反省的習慣：「我這一天當中有什麼功？有什麼過？」。如袁了凡先生，每天的生活都有「功過格」，記錄自己一天的功過得失；又如，曾子每日反省「為人謀，而不忠乎？與朋友交，而不信乎？傳，不習乎？」每天晚上如此反躬自問，是非常重要的，因為長期檢討每日舉止之得失，生活必能有所進步，道德必能有所增長，人格也必定能有所昇華。

第四、休息於夜晚：到了晚上，是屬於休息睡覺的時間，不應該再去交際應酬。一個人如果過度消耗體力、精神，尤其是晨昏顛倒的夜生活，會把人弄得精疲力盡，讓自己第二天白晝的生活，沒有精神與氣力。所以適當的休息，是為了走更長遠的路。

人生活在紛擾的社會中，每天要懂得安排自己的生活。所以對於一日的生活，應該做到：

第一、思考於清晨。

第二、行動於白晝。

第三、反省於日暮。

第四、休息於夜晚。

如何每日一善

每一個人每天都會與社會上的人事有所接觸，要能樹立自己的形象。最重要的是，樹立我是善人、我是好人、做一個善人的形象，你能日日行善，在「給人」中，人家也會樂於和你往來。因此，「如何每日一善？」有四點意見：

第一、每天說一些歡喜的話：說好話，不但聽者歡喜，自己也歡喜，因此，何必把一句動聽的好話，說成粗魯或是刺傷人的壞話？不但人家聽了不高興，也壞了自己的形象。人要追求歡喜快樂的人生，就得從說好話開始；學習觀世音菩薩的慈悲精神，多說柔軟語、慈悲語、歡喜語。一句激勵的話，能使人絕處逢生；一句讚美的話，能使人重拾希望。所以，好話不嫌多，應當多說。

第二、每天做一些慈悲的事：世界上最寶貴的莫過於慈悲；因為觀世音菩薩大慈大悲，所以很多人把他供奉在家裡正廳的上方，將最好的位子留給他。一個人寧可以什麼都沒有，但是不能缺少慈悲，因此，每天要做一些慈悲的事，好比為人撐傘、替人開門、幫人指路等，都是利益別人的事。《大寶積經》云：「身常行慈，不害眾生。」多行慈悲之事，不但能幫助別人遠離困難，也能提升自己生活的質量。

第三、每天讀一些益智的書：一個讀書人，溫文有禮，知識淵博，在社會上的地位就高，容易受人尊敬。所以，我們每天都要與書本接觸，而且要讀能增長智慧的書，要讀能增進道德的書，要讀能增加修養、專長、益智的書。書讀多了，人的氣質自然就會改變。一個人讀書，可以做書香人士；一個家庭讀書，可以成為書香家庭；一個社會讀書，就成為書香社會；全世界的人都讀書，就成為書香世界了。

第四、每天發一件利人的願：每天早上起床就想，我今天發願要幫助什麼人、做些什麼好事；天天為人設想，也能幫助自己增長善念。所謂「未成佛道，先結人緣」，世間上最堅固的行為，不外願力，因此，能不斷地發願利人，不斷地練習「有求必應，聞聲救苦」，習慣之後，自然能成為一位關懷眾生的菩薩行者。

人們每天一樣擁有二十四小時，但是有的人善於利用時間，自然生活過得充實；有的人奉行慈悲喜捨，日日行善，自然累積眾多的善因好緣。所以，「如何每日一善？」有四點建議：

第一、每天說一些歡喜的話。

第二、每天做一些慈悲的事。

第三、每天讀一些益智的書。

第四、每天發一件利人的願。

孫家勤繪

如何行解並重

佛教的修行重視「行解並重」、「知行合一」，所謂「修福不修慧，大象披瓔珞；修慧不修福，羅漢應供薄」。甚至古德把行與解喻為「知目行足」，知見如眼睛，修行如雙足，有眼睛，腳才不會走錯路；有雙足，才能協助眼睛發揮作用，眼睛和雙足相輔相成，才能行得安穩。如何「行解並重」？有四點意見：

第一、學習中多聽多思：不論是學問、技術，或是人生各種學習，都要從多聽多思開始，多聽能增加知識的吸收，多思能促進智慧的開發。例如佛經中的「如是我聞」、「諦聽！諦聽！」就是要我們會聽；會聽才能聽出弦外之音，才能觸類旁通。明朝儒士薛敬軒談到讀書，說：「讀書不尋思，如迅風飛鳥之過前，響絕影滅，亦不知聖賢之言為何事？要作何用？」因此，學習除了多聽，還要多思考，才能在生活中受用。

第二、參與中多容多受：人是團體的動物，所以要有社會的性格、團隊的精神，平時要多參與、多主動、多發心，接觸每一項工作，在參與中，和不同思想、不同信仰、不同習慣，甚至不同語言、不同種族的人融和，學習包容與接受。所謂「有容乃大」，我們要有容納異己的心胸，才能與人共存共榮；要有接受別人長處的胸襟，才能發展深厚的友誼。

第三、處事中多施多捨：在做人處事中，要多些無私的布施，才能廣結善緣。布施不只是金錢物質的給予，見到人時寒暄、招呼，是「語言的布施」；見到人時，微笑、注目，是「容顏的布施」；見人行動不便，過去攙扶，是「身行的布施」；見人受苦心生憐愍，見人行善心生歡喜，是

「心意的布施」。所謂「一粒落土百千生，一文施捨萬文收；與君寄在堅牢庫，汝及子孫享不休。」多施多捨，能成就人生的大好功德。

孫家勤繪

第四、生活中多節多約：人生福德如存款，用完就沒有了，因此生活中要學習節約。講到「節約」，不只金錢、物品要節約，時間、感情、脾氣、欲望，甚至一切心念和行事都要節制。凡事不過於放縱，身心才能自在，生活才能安穩。

有的人喜歡蝸居一處，不願跋山涉水，追尋更遠大的世界，或只是一味幻想未來，忘失當下存在的價值，實為可惜！因此，要讓自己精神豁達、智慧開展，應當重視「解行並重」。

第一、學習中多聽多思。

第二、參與中多容多受。

第三、處事中多施多捨。

第四、生活中多節多約。

向上第一義

佛陀說法時，常向弟子強調：這樣的法是第一義。最有意義、最好的道理就是第一義。出世法有第一義，世間法也有第一義：孝順父母是恭敬的第一義，濟苦救災是慈善的第一義，虛心向學是進步的第一義，勤勞節儉是致富的第一義。在此提出對治個人習氣的第一義，以供大家修身養性作參考：

第一、欲去惰字，以不晏起為第一義：俗諺說「早起三光，晚起三慌」，早早的醒來，精神抖擻，頭腦清楚，加上沒有時間壓力，可以從容地迎接一天的到來，無形中提高工作效率。久之，自然培養積極、不拖拉的勤勞習慣。「戒惰莫如早起」，不晏起是戒惰第一義。

第二、欲去驕字，以不菲人為第一義：人若自視太高，或恃位高權重、才智聰明、家勢財富等，而起輕蔑他人之心，容易養成驕慢習氣。《法華經》說：「我慢自矜高，諂曲心不實。」矜，就是自賢、自誇之意，佛教視為根本煩惱，不但障礙修行，且會招來苦果。欲去除驕慢，《法華經》中的常不輕菩薩是最好的榜樣，他對人一律禮敬，不敢輕慢他人。因此，不菲薄他人是去驕慢的第一義。

第三、欲去奢字，以不浪費為第一義：名臣魏徵曾勸諫唐太宗：「不念居安思危，戒奢以儉，斯以伐根而求木茂，塞源而欲流長也。」有些人盲目追求流行，以滿足物欲為首要目標，從不考慮即使家財萬貫，奢靡無度，也終有告罄的一天。因此，不浪費，是戒除奢侈最好的方法。

第四、欲去病字，以不頹廢為第一義：人的疾病分為兩種，一是身體的病痛，一是心理上的毛病。身體上的病痛，除了看醫生，也要注意運動與養成良好的飲食、衛生等習慣。而心理上的毛病，如貪欲、瞋恨、愚癡、邪見，甚至懦弱、失志等，就要從心理建設下手。不管是那方面的毛病，第一要緊的，就是有健康的心理，切莫萎靡不振。所以要除病，不頹廢是第一義。

不管是出世法的修行，還是世間法的修養，惰、驕、奢、病都是成就與否的關鍵，提出這四個第一義，祈願大家能日有所長：

第一、欲去惰字，以不晏起為第一義。

第二、欲去驕字，以不菲人為第一義。

第三、欲去奢字，以不浪費為第一義。

第四、欲去病字，以不頹廢為第一義。

一日到一生

隨著時代的科技化，現代人的生活講究方便、舒適，養成好逸惡勞的習性，往往將歲月蹉跎。如唐伯虎說：「人生七十古來稀，前除幼來後除老；中間光景不多時，又有炎霜與煩惱。」人的一生，扣除睡覺、生病、老年、幼年的歲月之後，還有多少時間可以利用呢？所以我們應當把握有限的生命，好好的規畫自己的「一日到一生」，讓一日當百年過，為人間留下貢獻。「一日到一生」有四點：

第一、一日之計在於晨：每天早晨，應該計畫好今天所要完成的事情，有了計畫與目標，就不容易虛度一日的光陰。拿破崙說：「我如果無所事事的度過一天，就會覺得自己犯了竊盜罪。」一日之始如果沒有好好的規畫，不但容易遇事慌張、處事不圓滿，而且恐有事情遺忘、漏失之虞，甚至得過且過的浪費光陰。陶淵明說：「盛年不重來，一日難再晨」，一日之晨好好計畫，才不會「白了少年頭，空悲切」。

第二、一事之計在於明：孔子說：「智者不惑」，一個有智慧的人，凡事必能明辨是非、始末能明。當我們在工作上，遇到了要處理的專案，在人事上，遇到了要解決的問題時，對事情的處理方法，以及理解程度是很重要的，如能明白事情的真偽、緩急，就能做出正確的決定。所以，我們對每件事情都要能明明白白，且有正確的見解，才能防止錯誤的發生，所以一事之計在於明。

第三、一家之計在於和：家庭裡，雖然每個成員各有各的性格，如能以尊重、欣賞、支持的角度包容對方，便是和氣相處之道。俗語說：「家和萬事興」，一個家庭的和諧，直接影響一個人的心智成長，以及人際關係的往來，甚至影響到整個社會的安定。朱熹說：「循禮保家之本，和順興家之本。」家庭是國家之根，和樂是家庭之基，所以一家之計在於和。

第四、一生之計在於勤：人生，最重要的就是一個「勤」。牛頓說：「你若想獲得知識、獲得食物、獲得快樂，你都要下苦工，因為辛勤是獲

歐豪年繪

得一切的定律。」一個人，只要勤勞，一定能學有所成、創造赫功偉業；一個人，只要懶惰，必然會敗散積蓄、雖志廣難成。《顏氏家訓》云：「天下事以難而廢者十之一，以惰而廢者十之九」，所以，「天下無難事」只要能勤，必能成功。

人的一生要不斷的更新，尤其在自己身心的調整上，要懂得規畫人生，為自己訂下一日的計畫、一月的計畫、一年的計畫、一生的計畫，為自己許下願心。所以「一日到一生」，有四點：

第一、一日之計在於晨。

第二、一事之計在於明。

第三、一家之計在於和。

第四、一生之計在於勤。

一以貫之

在《論語》裡，孔子告訴子貢，他的博學多聞是「一以貫之」而來的。天下各種事物的道理，其實都是相互貫通的，所謂「一理通，萬理徹」，明白了一種事物的道理，貫通於各類事物之中，自能明白天下萬物之理。所以程頤說：「物不必為事物，自一身之中，至萬物之理。」這就是「一以貫之」，舉四點事例說明：

第一、一切小人必有諂曲：歐陽修說：「君子與君子以同道為朋，小人與小人以同利為朋」。小人生性貪圖名聞利養，對人說話拐彎抹角、虛情假意、巧言令色。他們見到有錢有勢的人，就會向前攀緣，說些諉曲不正之語，這就是小人的行為。古云：「小人以身循欲」，小人是以自身的利益與人來往，其甜言口蜜，腹必暗藏傷人之劍，所以對於小人要謹慎與之來往。

第二、一切江河必有迂迴：世間上的江、湖、溪、河，不可能是一路直到底，它由上流流經峽谷腹地，受到石林的阻礙時，自會向外分支流去；若遇群山交錯，也會因此而迂迴流動。因此，我們常形容河流的蜿蜒如「斗折蛇行」。人的一生也是如此，世間上沒有一個人是能夠無風無浪、平步青雲的走完一生；但是若能像江河一樣，即使遇到了阻力，依然奮力尋求渠道，勇於前進，還怕沒有到達目的地的一天嗎？

第三、一切叢林必有互依：常言道：「單絲不成線，獨木不成林」；重重的樹木，互相包容、依賴，才能成為叢林。世間上，無論什麼事，成功的背後必是眾因緣的相互依存與成就。就如先人的開山、帝王的建朝，甚至企業的開發、家園的成立，乃至一頓飯菜、生活周遭的衣食住行，無一不是眾人團結合作、勤勞不懈的成果。

第四、一切自在必受安樂：快樂的來源，不在於物質的享受，不在於別人語言的讚美，也不在於自身擁有多少財富。生活的快樂，來自於「自在」。觀世音菩薩又稱為「觀

歐豪年繪（局部）

自在」，看人、觀事，都能自在；觀境、看心，都很自在。自在才不會有焦慮悔恨之心，自在才不會有害怕失去的恐懼，自在才能無所貪求，自在才能灑脫知足；生活所以不得安樂，就是因為不能自在，所以大家要求安樂，必須先求得一個自在的心。

「一以貫之」的道理，能夠將之應用於生活之中，必然能將世間之理融會貫通，而能運籌帷幄於千里之外。

「一以貫之」有四點：

第一、一切小人必有諂曲。

第二、一切江河必有迂迴。

第三、一切叢林必有互依。

第四、一切自在必受安樂。

「一」字福

一般人常以一句名人講過的話，或是一段富含哲理的文字，作為自己人生的座右銘，勉勵自己精進向上，或提醒自己修德養性。其實，懂得的話，有時「一個字」就足夠一生受用無窮，進而獲得無量無邊的福報了。關於「一」字福，有四點提供參考：

第一、「拙」字可以寡過：一般人都不喜歡笨拙的人，而喜歡聰明伶俐、反應敏捷的人。但是，有些人常賣弄小聰明，做事投機取巧，甚至作奸犯科，以致聰明反被聰明誤。所以人的聰明、機智，如果沒有用在正途上，所謂「智慧型的犯罪」，智慧並不算是福氣。莎士比亞說：「與其作愚蠢的智者，不如作聰明的傻子」，笨拙一點的人，按步就班、腳踏實地處事，且能老實、踏實、紮實地學習，也不容易出差錯，因此「拙」字可以寡過。

第二、「緩」字可以免悔：《左傳》云：「動則思禮，行則思義」，凡事要三思而行，勿莽撞而為。「緩」，可以讓自己在做出決定前，謀略得更周詳；「緩」，可以讓自己在開口說話前，考慮得更為廣遠。唐太宗說：「做事不三思，恐怕忙中有錯；氣能一忍，方知過後無憂。」遇到事情不要心急倉促；面對利益也不要汲汲皇皇，凡事能緩一點，想清楚了再做，才不會有遺憾，所以「緩」字可以免悔。

第三、「退」字可以遠非：古德云：「不與人爭者，常得多利；退一步者，常進百步。」我們在欣賞一幅畫時，常會退一步看，如此更能深入畫中的意境，由此可知，退一步的世界更美。在行車時能退讓，則不會造成交通的混亂；在功利前能退步，則不會爭名奪利；在愛情裡能讓步，則能天長地久。《說苑》亦云：「富在知足，貴在求退」，能退步謙恭，才能贏得彼此的尊重；能退步禮讓，才能獲得更廣的世界。

第四、「儉」字可以養福：明太祖說：「金玉非寶，節儉是寶。」節儉，不單是指物質上的不浪費，感情也要節儉不濫用，時間也要愛惜不浪費，甚至生命也要珍惜不蹉跎。生活中的每樣事物，都

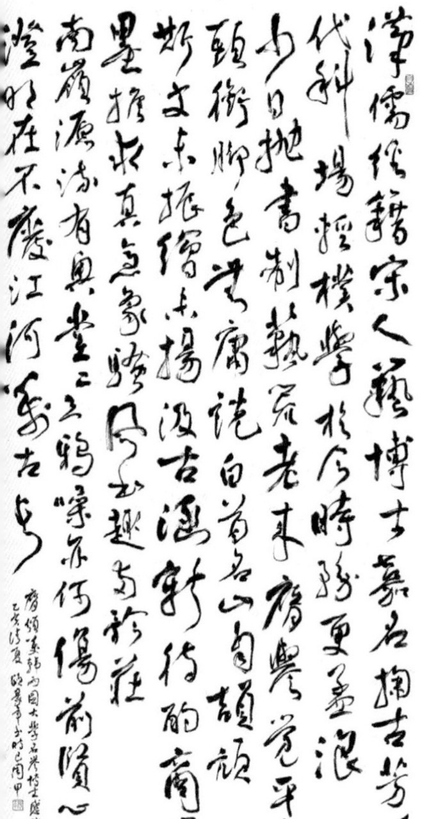

歐豪年繪

應該要好好的利用「儉」字，因「儉」可以養福。《晉書》云：「奢侈之費，甚於天災」，就如梁朝時，雖然沒有外寇之侮，但因社會風俗奢靡，生活淫樂，所以侯景之亂一起，終因軍隊過於安逸，無力反擊而滅亡，所以，社會風俗也要禁制節儉，國家才能強盛。

古人有以一字為師者，如范仲淹尊李泰伯為「一字師」，至今傳為美談。能以「一字」為師，足顯自己的心量與智慧，故能獲福無量。「一」字之福有四點：

第一、「拙」字可以寡過。

第二、「緩」字可以免悔。

第三、「退」字可以遠非。

第四、「儉」字可以養福。

一半一半

世界很奇妙，凡事都是一半一半。男人一半，女人一半；好人一半，壞人一半；白天一半，夜晚一半。在這個「一半一半」的世界裡，想要求得百分之百的圓滿，幾乎是不可能，也不容易。

所以我們只有從這一半的人生，來影響另外的一半，把好的一半去影響壞的一半。對於「一半一半」的人生，有四點看法：

第一、人生憂喜一半一半：老子說：「禍兮福所倚，福兮禍所伏。」世間上，

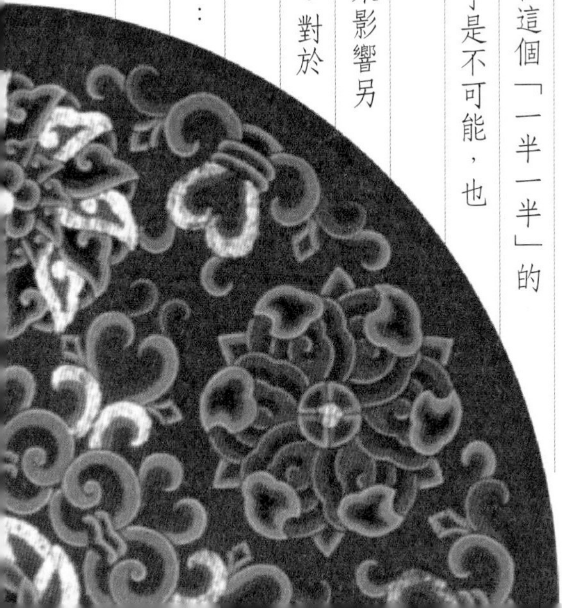

沒有一個人是永遠的快樂或永遠的悲傷。人的一生，有時候歡喜，有時候憂愁；憂愁與歡喜就如白天與夜晚一樣，相互交替，只有能夠適應的人，才能善用明暗與憂喜。古德云：「天下事，豈能盡如人意，唯有心境恬適，盡其在我，則能隨遇而安。」一般人總在得失之間憂喜無常，因此不得自在，如能以樂天知命來面對厄運，則能像孔子一樣「樂以忘憂」，自能獲得心靈的解脫。

第二、名利得失一半一半：人，想要同時擁有名與利，不是容易的事，因為世間的名利、得失都是一半一半，是相對待的；一個人如果一直在爭名奪利的羅網中無法跳脫，則失去的或許要比得到的更多。就如有的企業家，建構了龐大的企業王國，卻失去了家人的親情與自身的健康；有的領導者，為了得到廣大的領土，一再發動戰爭，卻失去了民心與可貴的人格道德。老子說：「名與身孰親？身與貨孰多？得與亡孰病？」人生的價值但由自己決定，在名利得失之間，不得不好好的權衡輕重。

第三、財富聚散一半一半：我們常看到有些人的一生大起大落，錢財也總是來來去去，一下子平地起高樓，山珍海味；一下子卻是傾家蕩產，窮苦困頓。俗語說：「富貴不過三代」，《雜阿含經》也說：「一切行無常」。看看歷代帝室難續六朝，再看看歷代的富商權貴，終歸沒落；而自古以來，富比陶衛、博學鴻儒者，不乏出自寒門子弟。所以世間的榮辱貴賤無常，一時的失志，只要努力不懈，終有成功的一天。

第四、修行佛魔一半一半：這是佛魔同門、禍福同域的世間，生活在這一半一半的世界裡，佛的世界一半，魔也擁有一半的天地。佛與魔其實只在我們的一念之間，心念一改就可以轉迷為悟、轉憂為喜、轉邪為聖，

道行法師繪

更可以轉惡念為悲心。

俗語說：「放下屠刀，立地成佛」，所以在佛魔一半一半的世間裡，我們可以轉魔為佛，讓自己成聖成賢。

世界一半一半，好的一半，壞的一半。一般人只能接受好的，排斥壞的，所以成就只能一半；唯有好的能接受，壞的能包容，才能擁有全面的人生。

因此對於「一半一半」的人生，我們應該有所認識：

第一、人生憂喜一半一半。

第二、名利得失一半一半。

第三、財富聚散一半一半。

第四、修行佛魔一半一半。

圖原作現藏法國
居美博物館
庚辰孫家勤畫

卷二 修行之道

修行是訓練自己意志堅定，
調伏習氣，
做一個身心自主的人。

第一法

常聽人說：「這是最好的方法」、「這是最究竟的方式」、「這是最圓滿的態度」。最好、最究竟、最圓滿，就是「第一」的意思。做人、做事如果能找出「第一法」，必能所做皆辦。「第一法」有四點：

第一、謙讓恭敬是保身第一法：俗云：「出拳不打笑臉人。」與人相處，若能謙虛、讓步，對人恭敬、和順，這是與人和平相處的重要基礎。弘一大師曾說：「吾見進而不止者敗，未見退而自足者亡。」自古以來，只聞謙讓與恭敬能消災滅罪，未見因謙讓與恭敬而釀就災禍者。所以在人際交往中，應該懂得謙讓恭敬，才是一個文明人應有的禮節，也是個人的保身之道。

第二、忍耐安詳是處事第一法：與人共事，態度要安詳、從容，不可衝動、毛躁。所謂「小不忍則亂大謀」，有些人常因生活上的一點小事，不能忍一時的口舌之快，因此惹來禍端，甚至造下無法挽回的遺憾。歷史上，韓信的「胯下之辱」，勾踐的「臥薪嘗膽」，不都因忍耐安詳才能忍辱負重、等待時機，終而得以施展生平抱負嗎？安詳忍耐是寵辱不驚、浮沉不懼的表現；安詳忍耐是理智、沉著和自信，所以忍耐安詳才是處事的第一法。

第三、涵養包容是待人第一法：人都希望獲得別人的尊重，但是「敬人者人恆敬之」，你得到別人的尊重，先要有包容別人的涵養，能原諒他人，能有不與人計較的胸襟，才能獲得別人相等的對待。就如齊公不計前嫌，任用管仲為相，故能奠定霸業；劉邦原諒陳平收受獻金，更厚賜財物，讓他生活無有匱乏，故能安邦定國。一個人有包容別人的心，則「縱遇冤家也共和」，故能廣納賢良、善結人緣。明人薛瑄說：「唯寬可以容人，唯厚可以載物。」涵養包容是立業之道，也是待人的第一法。

第四、恬淡自在是養心第一法：一個人，不管如何做人、處事，養心是最重要的！養心之道，如孟子說：「養心莫善於寡欲。」對於世間的功名富貴要能看輕，人我之間的是是非非要能恬淡；唯有清心寡欲，才不會被外物所迷惑，才能不被利欲所牽絆。《八大人覺經》說：「少欲知足，身心自在。」所以恬淡自在是養心的第一法。

做人處世，先要懂得方法與巧妙，才能八面玲瓏，才能明哲保身，才能身心泰然。做人處世的「第一法」有四點：

第一、謙讓恭敬是保身第一法。

第二、忍耐安詳是處事第一法。

第三、涵養包容是待人第一法。

第四、恬淡自在是養心第一法。

李奇茂繪

四得

生活中，每個人所想、所求不同；有的人想得到財物，有的人想得到名利、有的人想得到愛情、有的人想得到人緣，有的人想得到信用。如何才能有所得呢？以下人生的「四得」，提供參考：

第一、讀書讓我們得到知識：古人說「活到老學到老」，世間的學問，即使終其一生也學不完，所以我們每一天都要讀書，以獲取更多的新知。讀書可以讓我們明道理、讀書可以讓我們知未來。書是智慧的來源，書是人類進步的動力，書是明古鑑今的典藏，書是了解做人處事的圭臬。書可以讓我們增加能力，書是我們獲得知識的來源。

第二、工作讓我們得到經驗：在工作中，要能不怕困難，不懼失敗，才能成功。孫中山先生的革命事業，是歷經一次、二次，直到第十次革命之後，終於在第十一次革命成功，所以凡事只要有恆心的去做，就能從工作中得到經驗。經驗，有可能是失敗的，也有可能是成功的。在失敗的經驗中，讓你有更多的反思與改善；在成功的經驗中，讓你有更多的規畫與整合，所以無論是成功或失敗，都可以讓我們得到寶貴的經驗與技巧。

第三、人緣讓我們得到方便：「結人緣」就是建立良好的人際關係。有的人做事不順，到處受阻；有的人則能通行無礙，到處受人歡迎，這就是從結緣中得來的。在日常生活裡，一臉親切的笑容、一句鼓勵的讚美、一個舉手之勞的服務、一份真誠關懷的慰問，都能帶給對方莫大的快樂，增進彼此融洽的關係，也是廣結善緣的開始。有了善緣，就是給自己方便，有良好的人緣，才能行事順利。

第四、佛法讓我們得到喜樂：佛陀說法，旨在「示教利喜」，佛法是以利樂眾生為目的。人間因為有生老病死、有階級不平等、有人我鬥爭等種種的痛苦，佛陀一直不斷在思索如何讓眾生離苦得樂，所以他教導我們如何去除貪瞋癡之苦。首先他告訴我們苦的來源，並教

道行法師繪

導我們離苦的方法，讓我們透過佛法的開導而覺悟自性，從而找到安心立命的方向，因此佛法可以讓我們得到喜樂。

每個人從小就要讀書，尤其要讀人、讀事、讀物，更要讀懂人際的相處；懂得人際相處之道，就能獲得好的人緣，在工作上也能獲得助益。其實，不論是讀書、工作，都是為了讓生活安定、詳和，而真正能讓心靈提昇，就要靠佛法的修悟。

所以這「四得」，就是讓我們生活更美好的助緣：

第一、讀書讓我們得到知識。

第二、工作讓我們得到經驗。

第三、人緣讓我們得到方便。

第四、佛法讓我們得到喜樂。

四弊

一個人用計謀欺騙別人，當然是罪過，不但讓人不歡喜，而且讓人失去信心；然而更有人「竊鐘掩耳，以眾人為不聞；銳意盜金，謂市中為莫睹」。自欺之行更是不智之舉！以下舉出四種自欺的弊端：

第一、年老力衰而不自知：「老」是人生八苦之一，它是生命循環的自然現象。經典記載，人老時因氣色、氣力、諸根、壽命等境界衰退而令人感到苦惱；雖然如此，有些人老而不自知，在健康上不知保護，這就如同一輛車子用久了，你不保養，就很容易損壞。有些人「老當益壯」，「活到老，學到老」，令人稱歎；但也有人「倚老賣老」、「老不曉事」，而被譏為「老而不死謂之賊」。活了大半輩子，得到這樣的評論，這是很令人感傷及划不來的。因此，年紀漸老之人，對自己的保健要更重視，對自己的反省要多一些。

第二、貪財好色而不自慚：貪，是人們對五欲、名聲、財物等無有厭足的一種精神作用，它會讓人深陷其中無法自拔，甚至不知省察。古人說：「欲令智昏。」《摩訶止觀》也說：「色害尤深，令人狂醉，生死根本良由此也。」世人大都貪好美色、財帛，認為「食、色，性也。」因為覺得一切都是理所當然，一點慚愧心、羞恥心都沒有，於是處心積慮的以不當手法貪圖財富，聚斂金錢，甚至罔顧正義、親情、道德。社會上「臨財害義」、「見色忘義」的事件，可以說層出不窮；如果人在財色之前能多一點慚愧心，不那樣妄想，則生命的平安必會有更多一些的保障。

第三、貢高我慢而不自謙：經典云：「若憍慢生，則長養一切雜染之法，心不謙下，由此則生死輪轉，受無窮苦。」有的人抬高自己的身價，態度我慢、貢高，怎麼會不讓人家的心裡怨怪他，甚至在背後批評他？《六祖壇經》說：「內心謙虛卑下就是功，外面依禮而行就是德。」謙沖無我，則能「廣山海之度，恢天地之心」。

第四、無緣無德而不自覺：有的人無論走到那裡，都

道行法師繪

不受人歡迎，甚至找職業、謀工作，也難以如願。為什麼？主要是他的人緣、福德欠缺，因此所做、所求都不能如意。對於自己無緣無德、禮義廉恥、三綱五常，甚至做人的基本道德都不具全而不自覺的人，如何能在社會人群中生存呢？因此做人要肯「待人好」，要肯為人服務；只要肯廣修福德，何患無處不能通達？

生活中對於有些事情不能自知，有些陋習不能自慚，態度不能自謙，緣分不能自覺，那麼就會弊端叢生了。因此，我們要遠離這四弊：

第一、年老力衰而不自知。

第二、貪財好色而不自慚。

第三、貢高我慢而不自謙。

第四、無緣無德而不自覺。

四惜

懂得珍惜，切莫失去之後再來懊悔。懂得珍惜，能減少一些遺憾，增加一些幸福。要珍惜什麼呢？

第一、福報要愛惜：福報如同銀行的存款，隨意花費，很快就用完了；福報也如同水，一旦流盡，就不得使用了。老一輩的人，由於所處時代物資貧乏，多半養成惜福的習慣，而現代人由於物質豐厚，經常浪費，東西不想吃就倒掉，物品不想用就任意丟棄。其實，我們這一生能擁有富貴、擁有健康，都不是一夕所成，那能任意糟蹋福報呢？珍惜福報才會更有福報，懂得惜福才能更幸福。

第二、光陰要惜時：人生再長也不過百歲，但是有的人一生為世間奉獻犧牲，將愛散播在人間；有的人一生渺無目標，日子過得渾渾噩噩。我們常說「光陰似箭，歲月如梭」，人生難得，怎能輕易浪費光陰呢？清代學者孫奇逢說：「君子有三惜：此生不學一可惜，此日閒過二可惜，此身一敗三可惜。」時不待人，當珍惜自己所擁有，時機一過，因緣又不一樣了。

第三、好友要惜情：所謂「道不同，不相為謀」，能結交到一個知心好友實在不容易，所以朋友之間，應該互相提攜，惜情惜緣。卡內基曾說：「和人交往，要以誠相待，方能換取真摯的友誼。」社會上許多好友最後反目成仇，都是因為不懂得珍惜友情所造成，所以，為了鞏固友情，彼此要以誠心相待。

第四、家人要惜愛：一個家庭要幸福美滿，必須以愛來維護，家人之間也要相互接納和肯定。打從出生，我們就受到父母的細心呵護；長大之後，讀書、就業，父母也不斷地給予鼓勵和支持；乃至遭遇挫折，在最需要幫助的時候，也是家人及時伸出援手。所謂「不是一家人，不進一家門」，家人的愛不同於外人，多了一份血親因緣，理所當然要更加珍惜了。

白居易〈日長詩〉中說：「愛水多櫂舟，惜花不掃地。」懂得珍惜，緣分才會更久長。人生短暫，有「四惜」要注意：

第一、福報要愛惜。

第二、光陰要惜時。

第三、好友要惜情。

第四、家人要惜愛。

四顛倒

《圓覺經》說：「一切眾生，從無始來，種種顛倒，猶如迷人，四方易處。」比如，明明有真如佛性，凡夫不懂就說沒有；世間上沒有什麼功名富貴，他偏要認真。當初釋迦牟尼佛在菩提樹下，金剛座上成道，第一個念頭就是要涅槃。天人勸請佛陀要度眾生。佛陀說：「我不能度眾生。因為我所證悟的『真理』和世人所認識的道理都是相反，他們所希望的，我都說不能要；我叫他們做的，他們都不要，我所說的法和他們的思想有出入，他們會毀謗造罪。」這就是世人顛倒的思想見解。四顛倒，以下分別述之：

第一、以無常為常：無常是世間真實的相狀，但是沒有智慧的人看不到，錯以為世間一切是真實的存在。其實「積聚皆銷散，崇高必墮落，合會要當離，有生無不死；國家治還亂，器界成復毀，世間諸可樂，無事可依怙。」若能認識這無常變化的世間，才能真正懂得常住真心的價值。無常也並非不好，無常的變化，正可以讓悟道的人無限的運用。

第二、以痛苦為樂：人在世間上歷經生老病死、恩愛別離、怨憎相會，覺得蠻有趣的，殊不知這種渾然不覺的昏昧，正是人生的大苦。也有人認為追求榮華富貴，掌握國家政治，經商營利，是最為快樂的事情；更有甚者，為貪一時魚水之歡，男的金屋藏嬌，女的紅杏出牆，以為這就是最快樂的，殊不知「財色於人，人之不捨，譬如刀刃有蜜，不足一餐之美，小兒舔之，則有割舌之患。」還有人逞一時之快，在罵人、陷害人時，感到快樂無比，殊不知都在為自己埋下痛苦毀滅的種子，這都是以苦

道行法師繪

為樂的顛倒。

第三、以不淨為淨：腥羶臭穢的雞鴨魚肉，是不清淨的，但是貪饜之人卻視它為珍饈美味。貪愛是染污的，是不清淨的，而凡夫卻執著不捨。瞋恚是染污不淨的，但是生起氣來的人，完全不知道自己面目猙獰，醜惡難看。愚癡的人自生障礙，昏昧的癡傻樣，讓人看了就不想親近。以不淨的貪瞋癡為清淨，就是一種顛倒。

第四、以無我為我：在這個世間上，我們每天都拖著一個死屍在生活，這個死屍是一個老病、生死和變異的假我，是不清淨的。但是我們卻每天為這個不清淨的假我，過分的漱洗、裝扮和滋養，而不知去尋找拖著死屍的人的本來面目。這個以假為執著，為真我的行為，就是一種顛倒。

那麼我們要如何消除顛倒？依四念處「觀身不淨、觀受是苦、觀心無常、觀法無我」。可對治眾生「不淨以為淨、痛苦以為樂、無常以為常、無我以為我」的四種顛倒。四種顛倒就是：

- 第一、以無常為常。
- 第二、以痛苦為樂。
- 第三、以不淨為淨。
- 第四、以無我為我。

四善事

我們平常與人接觸往來，態度可以決定自己的人緣，如果你用虛情假意待人，或用欺騙的方法待人，自然得不到別人的好感。那要如何待人呢？用「四善事」做人處事，必然到處受人歡迎。四種善事就是：

第一、善言不離口：和人相處，不管男女老少、親朋故舊，見面時，都要善言不離口，多讚美對方，多鼓勵對方，多說對方的好話，必能獲得對方的好感。好話，有鼓舞人心的作用；好話，可激勵人再接再厲；好話，可讓一個迷失的孩子回頭；好話，可以給人信心，給人自尊。《法苑珠林》說：「甘露及毒藥，皆在人舌中。」為人多說善言，既能助長他人的善根，又能增益自己人緣，何樂而不為呢？

第二、善聽不離耳：《華嚴經》有一首偈語說：「牛飲水成乳，蛇飲水成毒，智學成菩提，愚學為犯罪。」這首偈語說明，同樣一池乾淨的水，牛喝了以後，能生產牛乳利人，毒蛇喝了會產生毒液害人；同樣的一句話，有智慧的人聽後能悟道，能成就菩提；愚癡的人不管你講得再好，他都會起疑，甚至生起犯罪的念頭。所以，人要會善聽，才能有好的結果。

第三、善念不離心：王陽明說：「心者，天地萬物之主也。」一念善心可以滅盡恆河沙數的惡事；一念善心可以直下成佛有餘。西諺有云：「善良的心，乃是最好的法律。」善念，可以締造芬芳美麗的世界；善念，可以增加社會人心的道德修養。所以，我們要善念不離心，才能淨化社會。

第四、善事不離手：世間上所有一切事的好壞，都與自己所作有關，塞內卡說：「讓自己獲得好處的最佳方法，就是將好處施諸別人。」所以，你想要獲得好的成就、好的因緣，就是要布施、要服務、要幫助他人。做善事，就如在黑暗中點燃一支小小的蠟燭，它能像太陽光一般的照破黑暗，讓黑暗中的人得到光明與溫暖，同時也讓自己獲得福利。

阿基米德說：「給我一個支點，我就能舉起地球。」同樣的，社會上只要人人行「善」，就能改造世界。所以，做人要常存「善」念、常說「善」言、常做「善」事、常聆「善」聽，就能改變社會。「四善事」以下有四點：

第一、善言不離口。

第二、善聽不離耳。

第三、善念不離心。

第四、善事不離手。

四攝法

佛教有四種度化眾生的方法，稱為「四攝法」，也就是以四種方法來攝受眾生。四攝法是增進人際關係的方法，是為人立身處事的準則，《華嚴經》云：「若能成就四攝法，則與眾生無限利」，菩薩隨化度生，須善解種種方便，故先以四攝法攝受眾生，比方說我布施給你，讓你產生好感；我對你讚美，讓你歡喜和我相處；我給你種種利行，給你方便；我以同理心與你相處，得到你的信任，如此就容易讓你得度了。關於「四攝法」，說明如下：

第一、布施，法施重於財施：布施，不光是指錢財、物質、醫藥的財施，還有法施，也就是知識道理的教導、方法技術的傳授，或是講說佛法勉勵怯弱者，讓他們身心健全，能憑自己的能力自給自足、自立自強，甚至有能力幫助他人。財施，只能解決一時的困難，因為物質錢財會有用完的一天，如果是傳授技術、講述佛法的布施，才是用之不盡的寶藏，才是根治貧困、救濟殘弱最徹底的方法，所以法施重於財施。

第二、愛語，法語重於軟語：「愛語」並不是說一些諂媚、奉承、虛偽、言不及義的語言，而是要講說佛法讓他人受用。例如，讓你了解慈悲、向你解說戒行、告訴你如何忍辱，使眾生心安而明義理，讓你生生世世受用不盡。《禮記》說：「安定辭，安民哉。」「安定辭」就是離妄語、兩舌、綺語、惡口，而說真實的語言、安慰曉喻的語言、歡喜慶祝的語言、善巧柔順的語言，使對方充滿信心與歡喜。藉由愛語與眾生結善緣，再進一步使其歡喜接受佛法，信受奉行，成就普度眾生的目的。

第三、利行，法利重於俗利：世俗上的方便利行有限，佛法上的利益之行無限。例如幫忙照顧小孩、幫忙提重物、聽人訴苦、走路時禮讓行人、坐車時讓位給老幼婦孺、協助盲者過馬路等，這些都是有限的利他之行。佛法上的利行是捨棄自利，以人飢己飢、人溺己溺、冤親平等的大慈悲心利益一切眾生，使眾生歡喜信受佛法，如佛陀的「捨身飼虎，割肉餵鷹」，都是難行能行的利他之行。

第四、同事，法同重於人同：我們常聽人說，我們是同鄉、同事、同學、同宗，這些的相同，只是「人同」，都是有限的；法同則是指見解上的相同，而且能隨緣隨眾，就如觀世音菩薩，「應以何身得度者，即現何身而為說法」。也就是說，對軍人講政治、對老師講教育、對商人講經濟、對學生講未來學。不但是對各種領域、各個階層的人，講說他們熟悉的話題、語言，還能站在對方的立場設想，能與對方感同身受，如此才能親近眾生同其苦樂，增加彼此的瞭解和信任。

「四攝法」不限於用在度化眾生之上；社會上，不論那個部門，那個階層的人，能懂得善用「四攝法」，必能於中得到良好的人際關係，並於其中獲得自他的利益。

「四攝法」有下面四點：

第一、布施，法施重於財施。

第二、愛語，法語重於軟語。

第三、利行，法利重於俗利。

第四、同事，法同重於人同。

五「修」

在《老子》一書裡講到，「修德」是實現天人合一的根本途徑，一個人最重要、最基本的處世之道，必須要修德。那麼如何「修」呢？有五點意見：

第一、修身，其德真：儒家主張「大丈夫達則兼善天下，不達則獨善其身」。不管兼善天下或獨善其身，首先要講究修身。修身，比方說一舉一動都要合乎合禮儀，要能不失其莊重，所謂「非禮勿視、非禮勿聽、非禮勿動、非禮勿言」，你修身後，才能成為一個有道德、有真實修養的人。

第二、修家，其德豐：只有修身、健全個人還是不夠，繼而要擴及到全家人，所謂「兄友弟恭、父慈子孝、上尊下敬」，要讓父母、兄弟、姊妹、子女，甚至伯叔、妯娌之間都能相親相愛、相尊相敬。一家人和樂融融之外，並且敦親睦鄰、助人為樂，則積善之家自然德豐。

第三、修學，其德長：修身、齊家之後，還要造福鄉梓，讓我的這一村、這一里、這一鄉，甚至這一國，人人都能講究道德、講究信用、講究和睦、講究互助……欲得治國，必得自己具有德望才能服眾。德望來自學養，有真才實學及道德涵養，則「德高」自然「望重」。

第四、修世，其德普：現在是「地球村」的時代，國與國之間的關係密不可分，只是力求自己的國家好還是不夠，應該把我的仁愛、我的道德、我的悲心、我的成就普及到世界，讓普世的國家人民都能得到利益，如此德風自能遠播，德行自能普遍。

第五、修心，其德高：「國者，人之積；人者，心之器。」心是人的主宰，欲得普世的和平安樂，乃至個人的修身養性，必得從「修心」做起。心能夠關懷國家社會，心能夠包容宇宙世間，心能夠平等無私的懷抱法界眾生，則如日月光輝之普照大地，其德自然山高水長，自能與天地同在。

所以，如何修德？五「修」提供大家參考：

- 第一、修身，其德真。
- 第二、修家，其德豐。
- 第三、修學，其德長。
- 第四、修世，其德普。
- 第五、修心，其德高。

五養箴

《文心雕龍》說：「箴者，所以攻疾防患。」朋友相交，需要箴言彼此切磋，作為砥礪之道，所以古代詩人孟郊在〈勸友詩〉中說：「人生靜躁殊，莫厭相箴規。」一個團體也要有箴言為諫，以求進步，故《漢書》中期勉作為領導者：「除誹謗以招切言，開天下之口，廣箴諫之路。」

人稱「岳公」的大老張群先生，高齡百餘歲，除了事蹟彪炳，他的人生處世的哲理，也經常為後人樂道與效法。在此也援引岳公的「五養」箴言：養身、養心、養慧、養量、養望，做為吾人身心養生之道的參考。

第一、養身須保規律生活：許多人以為一定要有什麼「密行」才是修行，要有什麼「密帖」才是保養之道。其實，最大的密行就是生活規律，張群先生則說，規律是包括起居作息正常、勤勞習慣和愉快心情。能規律，就是精進，能規律就是不懈怠，早晚起床睡眠，三餐定時定量。反之，你時飽時餓、時早時晚、愁緒滿懷、生活無度，那當然就有礙健康了。

第二、養心須有虔誠信仰：怎麼樣養心？虔誠的信仰。信仰可以產生力量，信仰培養澹泊的胸襟；信仰讓我們養成堅強的意志，信仰讓我們對人生懷有永恆的熱忱。無論你信仰什麼，是佛教、是天主教、是基督教、是道教、是回教，甚至你信城隍、媽祖都好。就是迷信，也比不信好，迷信只是我不懂；不信，就什麼都沒有了。當然能有正當的信仰最好，以虔誠養心，它會穩定我們的內在情緒，它會昇華我們的品格感情。

第三、養慧須具冷靜頭腦：物理學家研究，機器在冷空氣下，運作的靈敏度高於燥熱的環境；沉靜的大地中，寺院的鐘聲顯得格外幽揚，感動人心；智慧的培養，也要從冷靜的頭腦開始。慧是靈巧，不是衝動；慧是靈活，不是躁動；慧讓我們行事條理清楚，冷靜從容；慧讓我們接物客觀

歐豪年繪

理性，沉著穩當。靜而後能定，定以生慧，慧用得體，大顛禪師侍者的一句「先以

定動，後以智拔」，展現了慧的靈動與妙用。

第四、養量須賴謙抑應世：一個人的氣量在那裡？吾人以為氣量要展現在謙虛退讓、從容和平上面。岳公也說，氣量「端賴謙抑以應世，寬恕以待人，忍耐以自制，協和以容眾。」許多人不能夠有所成就，就是因為器量狹小，眼光窄淺，不能夠謙虛平和，自然不能泰然應世。

第五、養望須能化忿為容：名聲威望不是矯情刻意而求，也不是怨天尤人、憤世嫉俗就能得到的。明朝大儒方孝孺說：「所貴乎君子者，以能兼容並蓄。」能「以公誠化忿怨，以負責樹眾信，以服務為領導，以犧牲求創新」，尊重異己、包容差別，自然眾望所歸，養成有容乃大的胸襟。

生長在海裡的貝類，含沙而養，才有晶瑩的珍珠；世間的人，也要以賢德為養，才有寬大的胸襟。文人有學「養」，學生愛戴；隱者有德

「養」，受人讚賞。文天祥養浩然之氣，關雲長養正義之氣，至今為後人敬仰。「養」兵千日，才有用在一時的成功；「養」精蓄銳，才會時機成熟的因緣。人活著，不一定要求長命百歲，重要的是有健康、價值、歡喜、自在、解脫，才是過得有意義。千萬別嬌生慣「養」，過分縱容，乃至姑息「養」奸，助長壞事，那可就稱不上養生之道了。

養生之道有五：

- 第一、養身須保規律生活。
- 第二、養心須有虔誠信仰。
- 第三、養慧須具冷靜頭腦。
- 第四、養量須賴謙抑應世。
- 第五、養望須能化忿為容。

生活五門

每個人每天都在生活，但是真正懂得生活之道，甚至能生活得很正常、很自然的人，為數不多。談到生活，有「生活五門」提供參考：

第一、起居有定時，習慣要養成：每個人每天的起居作息，不但要定時，而且要養成習慣。該是用餐的時間就想吃飯，該是上班的時間就專心工作，該是就寢的時間就安心睡覺，這種良好生活習慣的養成，對一個人的健康，乃至前途的發展，都會產生重要的影響。

第二、飲食有正常，健康少病痛：一個人三餐能定食定量，不暴飲暴食以外，飲食要清淡，能夠少鹽少糖，儘量以自然為好。尤其若能「食存五觀」，三餐都以感恩心、歡喜心、平常心進食，必能有益健康，減少病痛。

第三、運動有恆心，體力能維持：人要動靜一如，有的人每天從事靜態的工作，在工作、吃飯、睡覺、休息之餘，也要有適當的運動，才能促進身體的新陳代謝。因此，每個人每天都應該撥出一點時間，從事慢跑、健行、打球、體操等運動。乃至佛教的禮拜、跑香、經行，也都是運動。人的體能要加以訓練，久不運動，體能就會慢慢萎縮，人自然就容易老化。

第四、工作有變化，生活會充實：有的人抱怨生活太呆板，每天就像機械一樣的重複著固定的工作，感覺生活太單調、太枯燥，甚至活得很乏味。其實每個人的生活要靠自己創造，所謂「窮則變，變則通」，每天工作之餘，可以參加各種技能班、生活營等，多學習一些才藝，多結交一些朋友，不但讓自己生活多一些變化，也可以擴展工作領域。人要像活水一樣，活出活力、活出靈巧、活出智慧、活出變化，生活才會充實，人生才會多采多姿。

第五、心境有般若，福慧皆具足：外在的環境瞬息萬變，都非永久寄託之處，唯有自己的心才是值得安住。所以我們要開發自己內心的般若，也就是我們的真如佛性；心裏有了般若之光，能夠福慧具足，人生才能圓滿。

所以，「生活五門」不但是養生之道，其實也是自我生命的完成，看似平常，個中有無限妙用，值得參考：

第一、起居有定時，習慣要養成。

第二、飲食有正常，健康少病痛。

第三、運動有恆心，體力能維持。

第四、工作有變化，生活會充實。

第五、心境有般若，福慧皆具足。

趙少昂繪

參禪五心

生活中要有一點禪意，才會幽默，才會開朗。禪，不是佛教所專有，禪，是我們人人本具的真心自性，它不是出生後才有，而是「亙古今而不變，歷萬劫而常新」。但是一般人卻忽略了內在的寶藏，不斷追求外在事物的滿足，實在是反其道而行。怎麼參出禪意呢？參禪要用五種心：

第一、要用大心來參禪：禪者以天地為心，真正的禪者，要有「宇宙就是我心，我心就是宇宙」的廣大心。大心就是菩薩心，能包容一切萬物，與萬物融為一體；心量愈是廣大，禪心愈能被發掘出來，有了逍遙安忍的大心量，則凡事就能隨緣自在了。

第二、要用老心來參禪：人人都有一顆「老心」，老心就是所謂的

「老婆心切」。參禪要用老婆心來參，關心諸事，處處幫助別人，時時關心他人，讓人歡喜，會與禪心相應。因此，在生活中，把握住這種護念有情的老心，眼睛所見、耳朵所聽都會有禪意了。

第三、要用喜心來參禪：參禪不能以悲苦的心來參究，參禪是一種自然的、歡喜的事情。參禪參到你腿子一盤，歡喜心立刻就生起，腿子一盤，天地都浮現在你的眼前，所謂「禪悅法喜」，我們要從法喜裡探討禪心，在愉快中參禪，能得到禪悅法喜，自然流露，才是真修行。

第四、要用愛心來參禪：有愛，心會柔軟，有愛，心會細緻。真正的禪者，他對於一草一木，甚至是一張桌子、一張椅子，都是愛惜有加；無論男女老少，他都是尊重接受的。有了愛心，能與禪心相應，消除一切怨恨，能懷著愛心來對待世間一切，生活是快樂的，世界也是美麗的，當下娑婆就是淨土。因此，要用愛心來參禪。

第五、要用捨心來參禪：有了捨心，對個人擁有，不會罣礙太多，對外在一切，不會太過計較。捨心一起禪心就顯現了，道在生活裡也會自然呈現。因此，參禪修道要用捨心，以平常心面對生活中的是是非非，讓身心放下才能輕鬆看淡。參禪不需要選擇什麼好地方，看什麼好時辰，生活中到處都有禪，就看個人的用心了。以上「參禪五心」，可以讓我們體會。

- 第一、要用大心來參禪。
- 第二、要用老心來參禪。
- 第三、要用喜心來參禪。
- 第四、要用愛心來參禪。
- 第五、要用捨心來參禪。

禪觀五事

飯菜要煮得好吃，味道須濃淡適中；琴音要優美，琴弦須調得不鬆不緊；語言要表達得好，說話須快慢適度。同樣的，修禪的人要漸入佳境，則應善調身心。所以，「禪觀五事」應當注意：

第一、調食不飢不飽：古德云：「法輪未轉，食輪先轉。」飲食能維持身體的需要，但是，吃得太飽則百脈不通，吃得太少又無力參禪。所謂「身安則道隆」，修習禪定的人，也要注意飲食的調節。一般人對於飲食的要求，好吃的就貪得無厭，不喜歡的就挑三揀四，但是修禪的人，應該從飲食中培養淡泊無欲、簡樸惜福的生活態度。

第二、調睡不失不沉：修禪的人不能放縱睡眠，否則會荒廢道業；

但是睡眠不足，精神渙散，也無法專注修定。因此，修行者應善調睡眠。《佛遺教經》說：「無以睡眠因緣，令一生空過，無所得也。」佛陀教我們睡覺時也應提起正念，所謂「勤修寤瑜伽」，睡眠時作光明想，則不會過分昏沉，亂夢顛倒，甚至起煩惱。

第三、調息不浮不躁：一般人的呼吸通常是粗糙、浮躁的，往往一登高山、一上樓梯就氣喘如牛。倘若平時能注意調息，讓氣息維持悠悠揚揚，對於身心的安定將有很大的幫助。在禪坐中，氣息若能調到不粗、不澀、不滑，心就能專注下來。修習禪定要從照顧呼吸做起，不管走路或是坐車，都可以觀照，一旦養成習慣，妄念自能減少。

第四、調身不勞不怠：工作要勤勞，但不能過度勞累，否則有害健康，也不能過於懈怠，否則一事難成。如《佛說菩薩本行經》所言：「居家懈怠，則衣食不供，產業不舉；出家懈怠，不能出離生死之苦。一切眾事，皆由精進而得興起。」禪修也是如此，若平時舉止浮動，打坐時，心就難以收攝；若是懈怠懶惰，則容易與昏沉相應。因此，修禪的人，對於自己的舉止動靜要時時觀照。

歐豪年繪

第五、調心不散

不斷：所謂「心猿意馬」，調心好比調馬，心若不調，則如脫韁的野馬。由於事務繁忙，我們的心意常常不能集中，調心就是要止息雜念、妄想，進而入於清淨、光明的境地。初修禪定的人常會昏沉、掉舉，若能耐煩克服，修學禪定確實是改造散亂思想的最好辦法。

雖名為「禪觀五事」，但是對一般不是修禪的人來說，也是養生之道，生活如能養成上述習慣，身心自是受益無窮。因此，「禪觀五事」應學習：

- 第一、調食不飢不飽。
- 第二、調睡不失不沉。
- 第三、調息不浮不躁。
- 第四、調身不勞不怠。
- 第五、調心不散不斷。

五種接受

佛光山每年都會為在家信徒傳授「五戒」，五戒是「不殺生、不偷盜、不邪淫、不妄語、不飲酒」。此外，有五種接受和受五戒一樣，對大家也很有幫助。這「五種接受」是：

第一、接受發心的利益：「發心」二字很微妙，心如田地，要開發才能種植，成長五穀；平地起高樓、海埔新生地都是靠開發而有的。所以，只要肯發心，則無事不辦。比如發心吃飯，飯一定吃得飽；發心睡覺，覺一定睡得很香甜；發心寫文章，文章必能載道；發心做事，事情一定會圓滿。發心有很大的利益，猶如內心有許多的寶藏，只要發心便能開採出。

第二、接受感動的修行：佛教裡有參禪、念佛、誦經等各種修行方法。「感動」也是一種修行，感動的修行，不局限任何時間、空間、對象。能常常感受周遭的人所作的好事、所說的好話、所顯現的善心好意，就是修行。甚至自己也要有可以讓別人感動的事情；人我之間常有一些感動，就是美好的修行世界了。

第三、接受忍耐的力量：忍，不是罵不還口，打不還手。忍是認識，對一件事情的前因後果、是非得失，都能認識清楚；忍是接受，不論是好的壞的，都能擔當。所以，忍是智慧、力量、負責，忍能化解、處理任何事。好像石灰一生的寫照：「千錘百鍊出深山，烈火焚燒莫等閒，粉身碎骨都無怨，留得清白在人間。」能接受這樣的觀念，在做人處事的時候，增加一些忍耐，我們的生活必定會很快樂、很愜意。

第四、接受歡喜的禪心：禪心是一種不思善、不思惡、無分別，而自然流露的喜悅。如果能在生活中培養歡喜心，無論任何情境，任何艱難，都能喜接受，就會有禪心；有了歡喜的禪心，人生就很有價值了。

第五、接受結緣的習慣：跟別人微笑點頭、說一句好話、給別人一些方便……這些小小的結緣，不只帶給對方歡喜和溫暖，也是讓自己種下布施的福田。平時養成結緣的習慣，即是自利利他的菩薩行了。

如同受戒的「五種接受」是：

- 第一、接受發心的利益。
- 第二、接受感動的修行。
- 第三、接受忍耐的力量。
- 第四、接受歡喜的禪心。
- 第五、接受結緣的習慣。

五戒與五常

佛教徒要受持「三皈五戒」，其中「五戒」和儒家的「五常」，其思想內容是一樣的。「不殺生」就是「仁」，「不偷盜」就是「義」，「不邪淫」就是「禮」，「不妄語」就是「信」，「不飲酒」就是「智」。五戒與五常都是人倫的基本道德，只要具備五戒與五常，就是人格的完成。我分述彼此的關係如下：

第一、不殺護生，慈悲為仁：一個不殺害生命，且保護生命的人，必是有仁愛、有仁德的人。如孟子所言：「君子之於禽獸也，見其生，不忍見其死；聞其聲，不忍食其肉。」作為一個君子，對動物被宰殺、虐打、烹煮的苦難，怎能視而不見，聽而不聞呢？一個慈悲的仁人，自然會流露出惻隱之心。

第二、不盜施捨，清廉為義：做人不僅不能偷盜，還要在利益當前，正直清廉，以自己的盈餘，布施給窮困孤獨的人，這就是義。金錢無法長久維持，有智慧的人，能明識因果，及時以金錢、醫藥、飲食等，布施給鰥寡孤獨、衣食不足、疾病困頓的人，就是行義修福於當下。

孫家勤繪

第三、不淫尊重，貞良為禮：「禮」是人類的行為規範。世間有禮，才能定親疏，決嫌疑，別同異，明是非。佛教對倫理的看法又更加深入，如《梵網經》載：「一切男子是我父，一切女人是我母，我生生無不從之受生，故六道眾生皆是我父母。」所以，視世間一切男女為父母、兄弟姐妹，只有尊重而沒有邪淫的心，這種貞良的德行就是禮。

第四、不欺純真，誠篤為信：做人不僅不可以妄言欺騙、綺語巧佞、兩舌是非，還要以誠信篤實的心對待他人。因為「信」是一種清淨的精神作用，是一個人立身處事的根本；人如果沒有信用，就無法立足於世了。

第五、不亂食用，明達為智：古人云：「禍從口出，病從口入。」就是在提醒我們，不要亂吃東西，尤其不要吸毒、抽菸、喝酒。因為酒能亂性，會使人神智昏迷；飲酒敗眾德，會使人造作諸惡。《四分律》載飲酒有十過三十六失，如壞顏色、無威儀、損名譽、失智慧、致病等等不堪的景況。而且飲酒過量，容易造成慢性中毒，殘害身心，不可不慎。

儒家的「五常」和佛教的「五戒」，不論是入世還是出世，其內容都有共同的地方。儒家以仁、義、禮、智、信為人倫綱常，佛教以「五戒十善」為人天乘的修行。都是希望世人以此趨向善道，共創美好的生活，其教化意義是一致的。「五戒與五常」的關係如下：

- 第一、不殺護生，慈悲為仁。
- 第二、不盜施捨，清廉為義。
- 第三、不淫尊重，貞良為禮。
- 第四、不欺純真，誠篤為信。
- 第五、不亂食用，明達為智。

日常五心

在日常生活中，每一個人必須面對不同的人、事、物，一顆心也隨著不同的對象，不同的事項，不同的環境，而產生不同的心念，影響我們的進德修業。所以在現代生活中，應該以五種心來處世，將這五種心落實在生活中，那麼人生就會更美好。何謂五種心：

第一、有反省的心則無過：一個成功的人，或古代的聖賢，都很重視反省的功夫，因為有反省才能發現過錯，有反省才能改過向善，有反省才能讓自己更進步。人在無形之中，往往會犯下無心的過失，有時還會造成遺憾。曾子說：「吾日三省吾身」，每天反省檢討自己的過失。而顏回自律「不二過」，也是反躬自省的成果；在佛教中，早晚課誦、靜坐，都是讓心處於正念之中，觀照自己的起心動念。如此便不會輕易再犯錯。

第二、有謙虛的心則無驕：當一個人成功時，總會得意於自己的成就，也因此無形中產生了驕傲、驕慢的心態，目空一切，但這樣的心態，反而會讓別人看不起，所謂「謙卑在人前，所向盡通；傲慢在人前，寸步難行」。所以懂得謙虛的人，知道感謝一切成就的因緣，感謝眾緣和合的成就，心中沒有驕慢之心，猶如成熟的稻子，稻穗愈飽滿，就垂得愈低。

第三、有感恩的心則無愧：一個人應該時時自忖，自己有何功德能生存於宇宙世間，接受種種供給，不虞匱乏？因此，每一個人都要抱持受恩的胸懷，感念世間種種的給予。感恩的人生才懂得付出，感恩的人生才明白富貴；感恩的人，就是一個有情有義的人，感恩的人，就是一個內心富有的人。所以感恩的心靈，是豐富的寶藏；感恩的習慣，是做人處世的榜樣。人，應該培養感恩的美德，時時心存感恩，自然心中沒有愧悔。

第四：有服務的心則無懈：世間上不管從事各行各業工作的人，都有為人服務的機會，公司裡上司為下屬服務爭取福利，下屬為公司、為主管創造業績及利潤。社會上有的服務，必須要花錢才能獲得，但是有很多的公益團體，有很多發心的義工，不計酬的大眾服務，而且都是發自內心的真誠對待。如德蕾莎修女在印度服務，贏得舉世尊敬；佛教在歷史上，駝標比丘長年為僧眾送單，從不間斷；施茶亭、廁所供來往旅客方便，或是點一盞燈，供夜歸人照明。有一顆為人服務的心，則不會懈怠。

第五、有正直的心則無邪：一個正直的人不會把自己的心分成兩半，不會心口不一，想一套、說一套，也不會說一套、做一套。內心沒有矛盾，才能夠擁有剛正不屈的精神力和清晰正直的判斷力；心中無邪念，自然過得心安理得，獲得他人的信賴。反之，一個人若心術不正，爾虞我詐，機關算盡，縱使可以獲得短暫的勝利，也會活在被拆穿的恐懼之中，不得自在。

一個人在日常生活中，要以反省之心待己，以謙虛之心待人，以感恩之心回饋社會，以服務之心服務大眾，以正直之心面對一切，如此定能擁有美好的人生。「日常五心」：

- 第一、有反省的心則無過。
- 第二、有謙虛的心則無驕。
- 第三、有感恩的心則無愧。
- 第四、有服務的心則無懈。
- 第五、有正直的心則無邪。

六忍歌

古人說「能忍自安」，現代人總認為「忍」是吃虧的事，其實「忍」是大力、大慧的表現。忍耐不但能使人勇銳無比，也是人我相處的潤滑劑。唯有「忍」才會使萬物和諧、世界和平。關於「忍」的其他好處，提供下面六點意見：

第一、富貴能忍能保家：有人一飛黃騰達，就變得驕橫傲慢，到處與人結怨。如果功名富貴當前，能退讓三分，必能保家保身、安然自在。老子說：「金玉滿堂，莫之能守；富貴而驕，自遺其咎。」富而不驕的人，才能永保平安。

第二、貧窮能忍能免辱：窮困時，若被人看輕恥笑，必須忍下來，若不能忍，就容易遭受更大的侮辱。《正法念處經》言：「若人修行忍，捨一切瞋恚，現在及未來，常得安穩處。」反之，一個不能忍饑耐貧的人，就會隨俗流轉，易招禍端。

第三、父子能忍能慈孝：父子至親，但是縱使血肉相連，觀念也會不同。當代溝出現時，要互相容忍，即便溝通不良，做子女的也要如孔子所言：「事父母幾諫，見志不從，又敬不違，勞而不怨。」多多體恤父母的辛勞，孝而能順，家庭才會美滿幸福。

第四、兄弟能忍能義篤：兄弟手足在一起，也會有利益衝突時，如父母偏袒愛護某一方，或權利、家產的爭奪等。假如兄弟手足間能互相謙讓、互相忍耐，就會情深義重；切勿因眼前一時的利益，而傷了手足之情。

第五、朋友能忍能互助：子曰：「三人行，必有我師焉；擇其善者而從之，其不善者而改之。」每個人都有優缺點，因此朋友相處要如盲與跛，互相容忍、互相幫助，友誼才會長久。

孫家勤繪

第六、夫妻能忍能和睦：夫妻之間不能計較得太清楚，多一些體貼與寬容，感情才能維繫下去。丹麥諺語說：「聾的丈夫，瞎的妻子，永遠是一對幸福的夫妻。」夫妻間若能多多了解、體諒對方的心情，家庭必會和樂溫馨。

古德云：「事不三思終有悔，幸能一忍永無慮。」一時的忍讓，不但會成就事業，也能換來長久的安樂。若互相指責，只會加深彼此的怨結；唯有忍讓，才是歡喜與融和的不二法門。

在此提供「六忍歌」：

第一、富貴能忍能保家。

第二、貧窮能忍能免辱。

第三、父子能忍能慈孝。

第四、兄弟能忍能義篤。

第五、朋友能忍能互助。

第六、夫妻能忍能和睦。

六中觀

做人要圓融，思想不能偏激，對人、對事、對理的看法不能偏頗，也不能以偏概全，更不能只知其一、不知其二；凡事要能全面了解、認識，才能看出其中的奧妙，否則往往與道相違。「六中觀」就是六種圓融的人生哲理，提供參考：

第一、死中有活是生命的永恆：人，有生必然有死，生死是自然的現象，有的人以為人死如燈滅，死了就什麼都沒有。其實，死不是生命的終極，生命是死不了的，死是生的起點，這期生命終了，又是另一期生命的開始，能夠認識「死中有活」，就能擁有永恆的生命。

第二、苦中有樂是工作的得意：「趨樂避苦」是人類的天性，尤其現

代年輕人大多希望找個輕鬆而又高薪的工作。其實，「吃得苦中苦，方為人上人」，越是從艱難困苦中所成就的成果，越是甘甜，越有成就感，所以不以工作為苦，甚而能從工作中找到樂趣，這樣

歐豪年繪

的人生必然處處春風得意。

第三、忙中有閒是生活的雅興：有的人生活閒散慣了，每天無所事事，提振不起精神；有的人每天盲目的忙碌，不知所為何來，這都不是應有的生活態度。

人要讓自己忙起來，但要能忙得有意義、忙得有目標、忙得歡喜、忙得充實，甚至人忙心不忙，「忙中有閒」的人生何其自在安然。

第四、壺中有天是人生的境界：俗語說：「秀才不出門，能知天下事」，人不能「坐井觀天」，而要能「胸懷法界」。一個眼界開拓的人，處處用心、時時關心，即使身居斗室，也能看出法界之寬，所以「壺中有天」的境界，自有人生的另一番天地。

第五、心中有人是社會的和諧：社會是眾人結合的團體，每個人要在社會上立足，必然要靠很多人的因緣成就，所以做人不能個人主義，凡事要設身處地為別人著想。能夠「心中有人」，才能尊重他人；人人相互尊重、包容，而不是互相障礙、破壞，社會才能和諧。

第六、腹中有書是本性的智慧：古人說「開卷有益」，排除一些不良的書刊以外，讀書的確是一般人獲得知識的最好管道。但是知識是外來的世智辯聰，真正的智慧要靠自我體驗後的穎悟，也就是佛教所謂的「般若」。心裡有般若，那就是本性的智慧，也就是人人本具的佛性。中觀思想是一種人生的圓融智慧，有了智慧人生才能圓滿，所以「六中觀」提供大家參考：

- 第一、死中有活是生命的永恆。
- 第二、苦中有樂是工作的得意。
- 第三、忙中有閒是生活的雅興。
- 第四、壺中有天是人生的境界。
- 第五、心中有人是社會的和諧。
- 第六、腹中有書是本性的智慧。

用六心培福慧

佛經云：「未成佛道，先結人緣」。平日待人處世能給人方便，廣結善緣，必能回應給自己更大的方便。因為自他不是對待而是一體，唯有在成全他人的過程中，才能完成自己。如何「用心」來待人處世，培植福德智慧呢？須做到下面六點：

第一、用孝心重整道德倫理：中華文化主張三綱五常，主要在孝道的闡明。孝，是對親人一種至真感情的流露；孝，是人我之間應有的一份責任；孝是人倫之間的一種密切關係。擴而充之，對兄弟的孝就是悌，對朋友的孝就是義，對國家孝就是忠，乃至對眾生的孝就是仁。要重整倫理道德，應從發揚孝道精神做起。

第二、用愛心擁有快樂生活：有愛心就會廣結善緣，與人為善。你看，社會上有些人左右逢源，有些人卻惹人嫌棄；有些人孤獨寂寞，有些人卻受人歡迎，這都端視我們平常是否願意廣結善緣，與人為善。宇宙萬法互有關聯，在我們不斷的付出，幫助別人之際，其實受益最大的是自己。所謂「助人為快樂之本」，無論是財物上的周轉救急，語言上的鼓勵安慰，乃至一個點頭，一抹微笑，一句問好，一瓣心香，你有愛心，就會擁有溫馨快樂生活的泉源。

第三、用慈心與人和諧相處：慈悲之心，生生之機也。古人有「為鼠常留飯，憐蛾不點燈」的慈悲善心，人我之間的相處，又有何不能彼此尊重包容、和諧相處呢？所謂一念慈祥，可以醞釀和氣。人與人多一分的體諒和善待，常以慈和的愛語，慈祥的笑容，慈悲的善行來相處，一定能增進人我彼此的和諧。

第四、用悲心成就利生事業：佛陀為憐憫娑婆世界眾生的疾苦而應化世間，並宣說種種離苦得樂的妙法。有謂：「貧窮者教以大施，病瘦者給予醫藥，無護者為作護者，無所歸者為受其歸，無救者為作救者。」效法佛陀慈悲濟世的精神，參與賑饑施貧、養老育幼、友愛服務、急難救助、淨化人心等，成就利益眾生的弘化事業。

第五、用喜心涵容宇宙萬有：有謂：「一念之喜，景星慶雲；一念之嚴，烈日秋霜。」這說明處世做人都要上應天理，下應人事。身為有情識、有智慧的人類，面對成住壞空的世間法，我們若能以慈悲心同體共生，以歡喜心尊重包容，則日月星辰、山河大地、風霜雨露、花草樹木、蟲魚鳥獸乃至法界眾生，一切宇宙萬有皆能涵容接納，和平相處。

六、用願心創造圓滿人間：四大菩薩依悲智願行，攝化法界眾生；十方諸佛發慈心悲願，成就佛國淨土。世界上最寶貴的能源、最殊勝的財寶

孫家勤繪

就是我們的心。願從心生，發願即是發心，如果人人發心、發願以慈悲智慧，自利利他；發心發願用歡喜融和，利樂眾生，那麼就能創造圓滿安樂的人間淨土。

所謂：「厚德以積福，修道以解阨。」想要擁有福慧雙全的人生，用這「六心」，可以培養「六福」。

- 第一、用孝心重整道德倫理。
- 第二、用愛心擁有快樂生活。
- 第三、用慈心與人和諧相處。
- 第四、用悲心成就利生事業。
- 第五、用喜心涵容宇宙萬有。
- 第六、用願心創造圓滿人間。

居正六方

為人處世最要緊的，就是照顧好自己的舉心動念。有云「誠於中、形於外」，平常我們心裡想什麼，表現在外的行為就會是什麼。心有煩惱，則顯憂鬱神情；心有歡喜，則露和悅顏色，因此，「居正六方」應當留意。何謂「居正六方」？

第一、正以治心：明朝薛宣在《讀書續錄》裡說：「源清則流清，心正則事正。」所以，心地端正，所作所為才能不昧道德良心。莊子也說：「至人之用心若鏡。」一個公正的人，他的用心就像鏡子一樣明亮光潔，因此心不能歪，歪了就不正；心不能邪，邪了就不正。

第二、廉以律己：為人應當用廉潔來要求自己，不義之財我不貪，不當做的事我不做，不該說的話我不說。《五代史・馮道傳》曰：「不廉則無所不取，不恥則無所不為。人而如此，則禍敗亂亡，亦無所不至。」一個人沒有了清廉，將名譽掃地，綜觀歷代貪官污吏因貪瀆不法而致身敗名裂者比比皆是，不能不引以為戒。

第三、謙以處事：日常生活中總要和人接觸來往，謙虛的人，往往能夠得人青睞，讓人歡喜接近你；驕傲的人，自大自滿，容易看輕別人，讓人不歡喜接近。莎士比亞曾說：「一個驕傲的人，結果總是在驕傲裡毀滅了自己。」西方哲學家也曾說：「宇宙只有五尺高。」人有六尺之軀，要生活在這五尺高的宇宙裡，頭要低一點，謙虛才能讓做人處世更臻圓滿。

第四、信以接物：歷史上，季札掛劍，對於心中許下的諾言，竭盡所能完成；張良納履，得黃石老人贈予《太公兵法》；嵇康托孤，山濤守信撫育遺孤的故事，在在都是因為誠信而為後人所讚揚。所以對人要有誠信，人家才肯信賴你，倘若經常對人抱持懷疑、不信的態度，別人也將無法信任你。

第五、寬以待人：與人相交貴在與人為善，所以待人應當施以寬厚。孔子曰：「夫仁者，己欲立而立人，己欲達而達人。」一個人想要得到別人的敬重，自己應當先尊重別人。清人袁枚亦云：「聖賢居心，大概從厚。」因此，我們要做一個寬厚的人，事事為別人設身處地，處處給人台階下，而不刁難別人。

第六、敬以承上：孟子曰：「敬人者人恆敬之。」世間上，哪怕只是一個小孩子，都需要受到尊重，更何況是提攜我們的長上呢？父母教養子女長大成人，有養育之恩；師長教授學生知識道德，有教育之恩；乃至主管對屬下的關心指導，有主從的倫理關係。古德亦云：「不敬則事無成。」如果沒有前人的愛護，哪裡能夠成就現在的我們，所以對上應當心存感念和恭敬。

人與人溝通互動，靠的就是心和心的連繫，你用什麼心對人，則人也會用什麼心和你往來，因此當善用其心。什麼是「居正六方」？有六點：

第一、正以治心。

第二、廉以律己。

第三、謙以處事。

第四、信以接物。

第五、寬以待人。

第六、敬以承上。

六心修六行

一個人鍛鍊身體，使自己健康，精力充沛；鋼鐵要堅固耐用，也要經過澆鑄鍛鍊。修行是訓練自己意志堅定，調伏習氣，做一個身心自主的人。平日如何修行呢？以下六點提供各位參考：

第一、用捨心廣結善緣：捨，才能包容他人。世界所以動亂不息，就是因為世人都不能「捨」，拼命向外追求有形有相的物質，忽略心內的世界更為遼闊。如果能尊重他人，以捨心結緣，就能有一個圓融和諧的世界。

第二、用慈心福利人群：心如盜賊，經常竊取我們的功德法財，使吾人身陷執迷之中。假如馴服心中的盜賊，從消極的不攀緣，做到用慈心來造福人群福利社會，就可以做心的主人，長養無上功德。

第三、用信心開發潛能：宇宙萬物都有它的性能，好的性能，持久耐用，不好者，容易耗損。人人本具的佛性，亙古今而不變，歷萬劫而彌新，這個本性潛能是內發，而不是外求。吾人用信心建立正確的價值觀，開發自我的正見、誠信、良善等潛能，這才是真正的無價寶。

第四、用淨心遠離貪欲：現代物質日益豐盛，精神生活卻是江河日下，毒品、暴力、娼盜、道德淪喪，爾虞我詐的歪風四處蔓延。想要國家富強、民生樂利，首要匡正世道人心。除了要有節制的感情，合理的經濟，正當的關係，德化的觀念外，更要以慈悲喜捨、慚愧感恩的心來自他淨化，才能遠離貪念色欲煩惱。

第五、用禪心安頓境界：什麼是禪心呢？就是無人我，不計較、不執著。禪心是一種自然，一種包容，一種安住。有了禪心，不會分別你我得失，對人家的毀謗、嫉妒、障礙無所動心。有謂：「人情似水分高下，世事如雲任卷舒。」你在人情世事中就能多一分坦然和風趣。

孫家勤繪

六、用慧心觀照空性：「慧」指洞悉真理，明白道理，它不同於世智辯聰，因此直譯為「般若」。我們的心闇昧不明，終日在六塵上盤桓，眼愛美色，耳聽佳音，鼻聞香味，外界六塵千變萬化，難以把握，心也只有跟著上下起伏，動盪不安。如果我們能以般若觀照，把心從根境的虛幻之中超拔出來，自然能享受自在的人生。

用六心修六行的法門有：

- 第一、用捨心廣結善緣。
- 第二、用慈心福利人群。
- 第三、用信心開發潛能。
- 第四、用淨心遠離貪欲。
- 第五、用禪心安頓境界。
- 第六、用慧心關照空性。

六事不說

《朱子治家格言》說：「處世戒多言，言多必失」；朱熹亦云：「言語不可妄發，發必當理。」這都是告誡吾人「禍從口出」的害處。話有六種不說，以下分四點說明：

第一、所說非人不說：不與非當事人，談論不相關的事。因為非當事人，他不了解前後因緣，聽了你所講的話，或斷章取義，或揣測分別，生出的不同理解，反而造成更多的誤會。

第二、說了無用不說：經典提到，有十種人與他們講話沒有用。如：傲慢虛偽、怯弱憂怖、不知慚愧、執著主見、遇事猶豫、對人懷恨、自私自利等等，他們或是虛偽應付，或是藉故推託，你與他說話等於是白說，所以不說。

第三、涉人隱私不說：每個人都有自己的隱私，我們要尊重別人的隱私權，這是個人口德的修養，也是仁人君子之道。司馬溫公說：「揭其閨門之醜，暴其父祖之惡；此禍關殺身，非止傷忠厚也。」所以，涉人隱私不說。

第四、諂媚阿諛不說：經典說，諂曲的人「矯設方便，隱己過惡，心曲為性，謂於名利，有所計著……」，他的目的只在獲得別人青睞。他一心取悅，一再奉承，只能活在別人喜怒哀樂的陰影中，卻不能活出自己，實在可悲亦可憐。因此，諂媚阿諛的話不說。

第五、出格招忘不說：說話要把握重點，所謂：「話多不如話少，話少不如話好」。所以，如果不知道自己應該要如何表達，乃至彼此講話的

道行法師繪

內容，已經離開了主題，甚至有損人格，或者現在才講完的話，對方馬上就忘記，那就不說這些閒話了。

第六、說了招禍不說：說話能讓他人快樂，也能讓人痛不欲生；說話能讓人看出你的禮儀修養，也能讓人感覺到你的魯莽無知；說話可以幫助別人，也能讓自己引來禍端。老子說：「舌為禍福之門」，假如說了話，惹來不好的後果，成為是非麻煩，讓人不喜歡，與其如此，不如不說。

說話的目的是在溝通，傳達事物，只要彼此的意思明瞭就好，不必再多說一些旁雜枝生的話語，以免「說事後話，惟恐當局者迷」。這六事不說，可作為參考。

- 第一、所說非人不說。
- 第二、說了無用不說。
- 第三、涉人隱私不說。
- 第四、諂媚阿諛不說。
- 第五、出格招忘不說。
- 第六、說了招禍不說。

六法格言

在佛教裡面說，人有「六根」，包括了身與心。「根」有器官、認識、機能、生長等意思，六根即「眼根、耳根、鼻根、舌根、身根、意根」，人們仰賴這些感官，得以接觸外在六塵「色塵、聲塵、香塵、味塵、觸塵、法塵」等境界，使「眼、耳、鼻、舌、身、意識」等六識作用增長。「六塵」雖然會污染我們的心，但也必須透過「六根」去執取外境才能生起。所以，佛陀曾經告誡弟子要「藏六如龜，守意如城，慧與魔戰，勝則無患。」在此也提供「六法格言」，作為日常生活之道參考。

第一、目不睹非禮之色：眼睛有認識的作用，能夠一覽無遺，卻也是最容易攀緣外境的感覺器官，甚至因為眼根貪著諸色，成了愛取的奴隸而不察覺。遠看歷史，周幽王貪看褒姒一抹微笑，而丟掉軍心江山；近看社會，走在路上，可能只因多看一眼，就飛來橫禍；所以何者當看，何者不當看，吾人更需謹慎。

第二、耳不聽非禮之言：古人言：「牆有縫，壁有耳。」《論語》說：「道聽而塗說，德之棄也。」好探秘密、耳根子軟，都是人性的弱點，因為耳根過於追逐音聲，而迷惑本性的清淨。因此不合道德、不合禮節，是非之辭、靡靡之音，都應當遠離。所謂「聽而不聞」，你耳朵不聽那些不如法的語言，自然心也不會跟著起舞煩惱。

第三、口不道非禮之事：人與人之間會產生矛盾誤會，往往就是因為搬弄口舌、道此說彼而起。此一時是非，彼一時是非，惹得人際關係沸沸揚揚，紛爭不已。《太平御覽》云：「情莫多妄，口莫多言。蟻孔潰河，溜穴傾山。病從口入，禍從口出。」非禮之事，還是不要說得好。

第四、手不取非禮之財：過去有一種錯誤的觀念：「人無橫財不富。」但是非禮之財真的能取嗎？懂得因果的人都知道，不是自己的福德因緣，不是自己的財富資產，是無法強求的。即使強求而得也不會長久，有時甚至還會為自己招來禍端。經

孫家勤繪

典云，一對父子不以意外而得的黃金為「毒蛇」，而鋃鐺入獄；貧窮的夫婦，因為鄰人送了百萬，而夜裡難以成眠。不取非禮之財，才是安身之道啊！

第五、足不踐非禮之地：過去叢林的僧眾，不是辦事，不輕易走出山門，不是拜佛，不妄走一步，意思是，我所到之處，都要合法如儀，非禮之地，我是不去的。身為現代人的我們，哪些地方該去，哪些地方不該去，心裡也要有一份定力。

第六、心不想非禮之事：不要覺得心中的非分之想「神不知、鬼不覺」，只要起一個念頭，種子就會潛伏在意識裡，等待因緣成熟，錯誤的言行舉止就會產生。因此佛經裡說：「防意如城」，意思是，保護自己的念頭，要像官兵保衛城堡一樣，絲毫都馬虎不得。

平常生活在五欲塵勞中，不隨俗浮沉，固然難得，隨俗而能不污，更是可貴。所謂：「學道猶如守禁城，晝防六賊夜惺惺，將軍主帥能行令，不用干戈定太平。」眼不攀緣外境，耳不聽非禮之事，手不貪圖財富享受，足不蹈聲色之地，心不追逐非非之想，依此六法，外魔煩惱自然無由入侵。「六法格言」：

第一、目不睹非禮之色。

第二、耳不聽非禮之言。

第三、口不道非禮之事。

第四、手不取非禮之財。

第五、足不踐非禮之地。

第六、心不想非禮之事。

六悔銘

佛教說「悔」有二種情況：一種是追悔原先所做，一種是追悔原先未做；它像烏雲一樣覆蓋我們的心，讓我們坐立難安，懊惱不已。曾經有學僧問雲居禪師為何經常懊悔，禪師舉了「十後悔」，藉以對治。以下也援引宋朝萊國公寇準的〈六悔銘〉，藉以自我提醒，免得後悔。

第一、官行不正，失時悔：當官者最重要的是要有官德，正所謂：「其身正，不令而行；其身不正，雖令不從。」假如做官不正，等到官德毀了，地位不保，被撤職查辦了，甚至也遭人民唾棄時，懊悔就來不及了。

第二、富不儉用，貧時悔：《朱子治家格言》云：「一粥一飯，當思來處不易；半絲半縷，恆念物力維艱。」即使富有，也是從一塊錢、二塊錢累積而成。假如你不省吃儉用，徒然奢華浪費，等到福報享完了、富貴沒有了，貧窮的時候，你就會懊悔了。

第三、藝不少學，過時悔：一般人說：「人過四十不學藝。」意思是，無論學什麼技藝，都要趁年輕用心學習。假如年少時輕心慢心，不肯下功夫，等到「八十歲才學吹鼓手」，這就太遲了，再懊悔也沒有用。

第四、見事不學，用時悔：有句諺語說：「水不流要臭，刀不磨要鏽，人不學落後。」你在生活日用之中，見到事情不留心、不留意、不注重學習，等到自己要用時，不會，再懊悔都於事無補了。

第五、酒後狂言，醒時悔：飲酒能令人引發過失，你看，許多人吃酒之後，失去理智，什麼狂言密語，都毫無遮攔的說出來，等到酒醒後才發現，說得太多，說出毛病來，說出是非來，說出禍端來，乃至對簿公堂，內心後悔，想要再說什麼好言補救，也都已鑄成錯誤了。

東方美術館今依原形參以己意揣想着色力求表現其莊嚴肅穆完美之菩薩境界
丁丑初春畫於華岡泰安野耘孫家勤

孫家勤繪

第六、安不將息，病時悔：健康的時候，不知道愛惜身體，閒空的時候，不知道利用時間適當的休息，等到有一天生病了，所謂「久病始知求醫慢」，那就會知道懊悔了。

菩薩畏因，眾生畏果。人的惡習，往往不到黃河心不死，所以這〈六悔銘〉，實可以做為吾人警惕箴言。

- 第一、官行不正，失時悔。
- 第二、富不儉用，貧時悔。
- 第二、藝不少學，過時悔。
- 第四、見事不學，用時悔。
- 第五、酒後狂言，醒時悔。
- 第六、安不將息，病時悔。

六度妙用

每一個人都要不斷的改造自己、革除陋習，生命才能得度。「六度妙用」可以改造人的六個過失，此六種方式提供大家參考：

第一、布施能改慳貪的個性：人若慳貪，凡事貪小便宜，只圖個人利益，久而久之，人家就不歡喜與之往來，因此人要學習布施，即使只是給人一個點頭、一個微笑、一句好話，或是給人一點點方便都是布施。唯有布施才能把慳貪的心改造成喜捨心；唯有捨去慳貪，才能獲得身心的自在。

第二、持戒能改惡劣的行為：俗話說：「一樣米，養百樣人。」即使生活在同一個環境裡，每個人都有其獨特的性格，為了防止在大環境裡過度凸顯個人的不當行為，所造成的群體不和諧，佛教以戒律來防非止惡，就如同法律可以保障人民的權益，校規可以保護學生的安全一樣。

第三、忍辱能改瞋恚的惡習：《入菩薩行論》云：「罪惡莫過瞋，難行莫勝忍。」人總有脾氣不好的時候，但是一味的任由瞋心造作，非但無濟於事，更有損人際關係及身體健康。所以，忍一時的侮辱，熄滅一時的戾氣，就能永享和平的生活。因此，人人應當學習忍耐，講究修養，改瞋恚為慈悲的胸懷。

第四、精進能改懈怠的因循：好逸惡勞是人的通病，對治的方法就是精進。人要有進取心，一旦動了善念，就應積極付諸行動，乃至付出行動後，也要令其持久；對於已經發生的惡事，則應努力制止，令其不再擴大，甚至要大事化小、小事化無。如《維摩詰經》：「以大精進，攝諸懈怠；一心禪寂，攝諸亂意；以決定慧，攝諸無智。」

第五、禪定能改散亂的思想：內在涵養的鍛鍊與為人處世的修養，是人生必要的學習，而定力則是提升內涵的主要關鍵。有定力，才能使心緒不浮躁；有定力，對於他人不經意的一句話、一個臉色，就不致放不下。所以，禪定能改散亂的思想，化為平靜清明的理智。

第六、智慧能改愚癡的認知：人因為不

高劍父繪（局部）

明理而煩惱，又因無明而痛苦。智慧如同明燈，能照破愚癡暗昧；如同利劍，能斬斷煩惱根源。因此人人要運用智慧來對治愚癡，無明的勢力才能不再延續；要運用智慧才能把惡習改成善行，把惡念改成善念。

人生的價值靠自己創造，人生的意義由自己拓展。如何改造自己的人生？「六度妙用」提供參考：

- 第一、布施能改慳貪的個性。
- 第二、持戒能改惡劣的行為。
- 第三、忍辱能改瞋恚的惡習。
- 第四、精進能改懈怠的因循。
- 第五、禪定能改散亂的思想。
- 第六、智慧能改愚癡的認知。

六法醫六病

我們身體上有生、老、病、死種種病症，心理上也有貪瞋、愚癡、邪見等毛病。無論是身體上，或是心理上的病，總得找醫師來治病。佛教就和醫學一樣，主要醫治我們的心病，佛陀對人類施予的教化，不僅治療肉體上的疾病，並且除去眾生精神上的苦惱，因此說佛陀是大醫王，佛法是心藥方。以下提出「六法」來醫治六種病症：

第一、節省能醫貧：貧是不足，窮是匱乏；如果能節省一點物欲，節制對外的攀緣，甚至節省時間、生命、感情，就能夠醫治我們外在和內在的貧窮。

第二、恬淡能醫躁：煩躁令人不安，焦躁無法平靜；如何醫呢？恬淡可以對治。心中多一分適意與樸實，就是恬淡。胸中多一分定力與安穩，就能把你煩躁的毛病治好。

第三、隨緣能醫愁：愁，是人的一大煩惱；閒也愁，忙也愁，愁感情、愁工作、愁財富、愁兒女、愁功課、愁人際關係……，真是愁煞人也。假如能夠隨緣、隨喜，知道苦樂兼受，都是從緣所生；榮譽歡喜、哀苦憂惱，也是因為過去因緣所致。明白得失生滅隨緣，心無增減，你就不會發愁了。

第四、讀書能醫俗：俗，也是一種病，怎麼樣才能把俗去除？古人說：「三日不讀書，便覺言語無味，面目可憎。」讀書、看經就是一個好方法。它能變化氣質，能開拓視野，昇華自己的境界，增加人生的智慧，因此說「讀書能醫俗」。

第五、正念能醫心：有時候，我們心不正、心不真、心不喜、心不慈，或者心壞、心歪、心私、心病……，總之，心的毛病林林總總。如何醫呢？用正念對治。正念是念佛、念法、念僧、念施、念天、念戒，就能降伏煩惱，醫治心病。

第六、信佛能醫邪：迷信不怕，邪信才可怕。所謂正信，是信仰有歷史事實根據的、信仰有道德慈悲的、信仰有能力救苦救難的、信仰能讓人格淨化的。因此，以學佛的正見，可以去除邪信。

所以這「六法醫六病」：

- **第一、節省能醫貧。**
- **第二、恬淡能醫躁。**
- **第三、隨緣能醫愁。**

第四、讀書能醫俗。

第五、正念能醫心。

第六、信佛能醫邪。

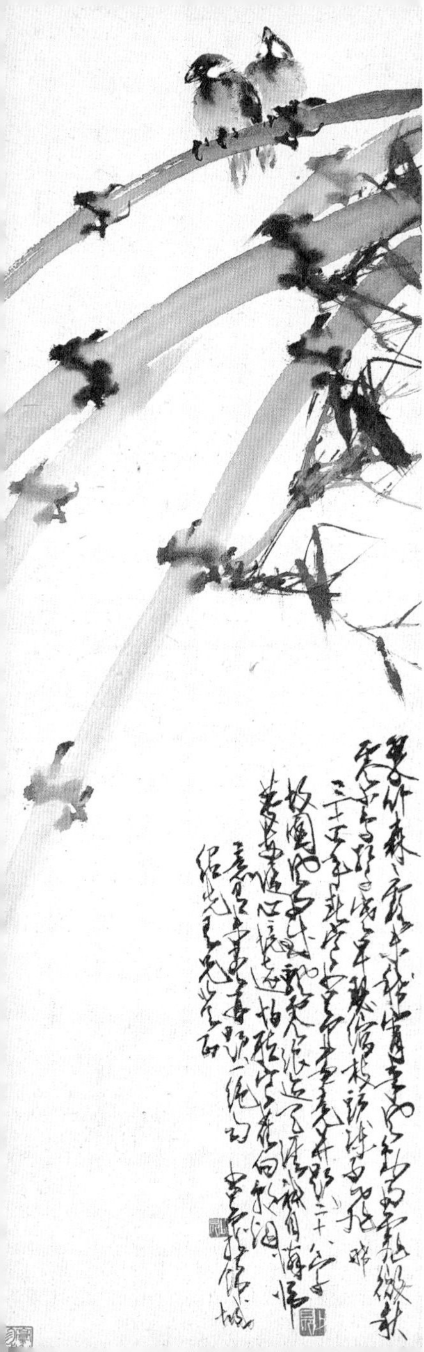

趙少昂繪

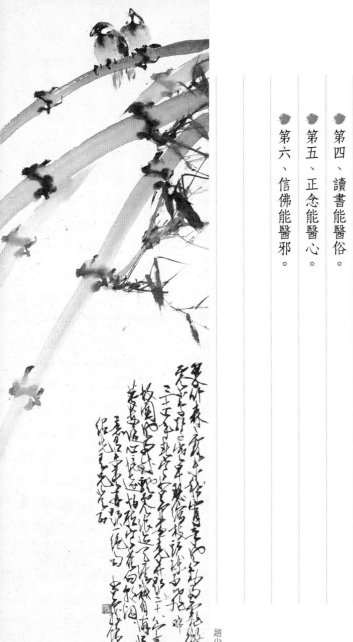

六種神通

有些人對佛教透過禪定，而得到的不可思議之神通力感到好奇。更有甚者，盲修瞎練，走火入魔，為的就是要求得神通。其實，神通並不是神奇的東西，我對神通有六種看法，提供大家參考：

第一、看破苦樂就是天眼通：生、老、病、死、愛別離、怨憎會、求不得，是人生真實相狀的苦。縱使偶而有一點快樂，也是變異的快樂，是無法永恆的壞苦，再加上「逝者如斯，不捨晝夜」，分分秒秒流逝的行苦，這些我們都能看破、通達嗎？如果能清清楚楚看見世間苦樂的真實相貌，就是天眼通了。

第二、是非分明就是天耳通：《東周列國志》記載，有兩個人連續對曾子的母親說：「曾子殺人！」曾子的母親正在織布，她頭也不回的說：「我的兒子不會殺人。」但是不久，第三個人來對她說同樣的話，曾子的母親就禁不起是非的考驗，奪門而出了。如果不被是非所惑，對是非了了分明，不就是天耳通嗎？

第三、皆大歡喜就是他心通：我們做人做事，不可一意孤行，要多多揣摩大眾的心意，符合大家的需要。如果能處處給人信心、給人歡喜、給人方便、給人服務，讓每一個人都歡喜，就是具有他心通了。

第四、人我自在就是神足通：有些人不喜歡人多，不喜歡跟別人在一起，慢慢的就變得沒有人緣，不僅無法和別人溝通，當出現在大眾前面時，也會因「大眾威德畏」而感到不自在。所以要學習打從心底喜歡人，喜歡跟人結緣，才能往來順暢，具有自在的神足通。

第五、同體共生就是宿命通：每個人都無法單獨存在，必須仰賴世間各種資源。人與人之間更是一個生命共同體，這種關係，並非只是共同生存在地球上，若仔細探究我們今生的因緣果報，即可明白當下的一切，都是由過去而來，亦逐漸在影響我們未來的關係，這就是一種宿命通。

第六、見聞清淨就是漏盡通：《金剛經》云：「若見諸相非相，則見如來。」就是要我們不能帶著成見

和既有觀念，來看待事情。若能「使六識出六門，於六塵中無染無雜」，擁有「六根雖有見聞覺知，不染萬境，而真性常自在」的境界，當下就是見聞清淨的漏盡通。六種神通是：

- 第一、看破苦樂就是天眼通。
- 第二、是非分明就是天耳通。
- 第三、皆大歡喜就是他心通。
- 第四、人我自在就是神足通。
- 第五、同體共生就是宿命通。
- 第六、見聞清淨就是漏盡通。

歐豪年繪(局部)

飲食六宜

民以食為天，我們的生活起居離不開飲食，然而飲食要有節度，要吃得有規律，才不至於吃出許多毛病。乾隆皇帝認為：「不貪不淫可以養德，能清能淡可以養壽；少食少怒可以養神，無求無爭可以養氣。」一個人若要處世成功，必須吃得苦、吃得虧、吃得重。我們的飲食，要怎麼吃才健康呢？

第一、飲食宜早才能活力充沛：飢腸轆轆會讓人精神不濟，但現在的上班族，常常早餐不吃，長久下來會影響身體的健康。一部車子，加滿了油，才能長途奔馳；同樣的，早餐吃飽，五臟機能才會正常運作，才有充沛的活力。

第二、飲食宜緩才能有助消化：古人說：「學習要深鑽細研，吃飯要細嚼慢嚥。」佛教講正意受食，狼吞虎嚥，會損胃傷腸，消化不良。多多咀嚼，口中唾液能潤濕、分解食物，有助腸胃的消化、吸收。

第三、飲食宜少才能長歲延年：佛教以「少食為良藥」，吃得過飽，不但腦滿腸肥，而且百脈不調，日積月累，身體就容易生病。所以「喫飯八分飽」，才會「壽長不見老」，腸胃沒有負擔，才能少病健康又長壽。

第四、飲食宜溫才能滋潤養身：食物太燥，令人口乾舌燥，太涼又容易瀉肚子，或者吃得太熱容易燙傷喉舌，而冰品讓食物滯留腸胃，也會造成代謝不順。所以飲食宜溫，才能滋潤養身。

第五、飲食宜軟才能保健腸胃：粥能養生，所謂「一碗慈心粥，勝飲人參湯」。東西煮得太硬不易消化，煮得太爛，又會流失營養。熟而柔軟恰當的飲食，對於一般人，或病者、老者都適宜。

第六、飲食宜淡才能耳聰目明：濁食辣味，讓人暴躁混沌，古人說：「吃得口腹之欲，傷得五臟六腑」，何如「口中吃得清和味，腸腹無礙神腦明」，粗淡菜根香，才能讓我們神清氣爽，耳聰目

趙少昂繪

明。

俗話說，能吃是福氣，貪吃生煩惱，《大薩遮尼乾子經》也說：「噉食太過人，身重多懈怠；現在未來世，於身失大利。睡眠自受苦，亦惱於他人；迷悶難寤寐，應時籌量食。」因此如何避免因「五味令人口爽」，而影響身心呢？

- 第一、飲食宜早才能活力充沛。
- 第二、飲食宜緩才能有助消化。
- 第三、飲食宜少才能長歲延年。
- 第四、飲食宜溫才能滋潤養身。
- 第五、飲食宜軟才能保健腸胃。
- 第六、飲食宜淡才能耳聰目明。

六度

一個人如果想要自利利他，自度度人，圓滿菩薩道的修行，有六個方法：即「布施、持戒、忍辱、精進、禪定、般若」，稱之為「六度」。有的人以為菩薩道很難行，六度很難修，其實布施是給自己的，持戒是自由的，忍辱是占便宜的，精進是快樂的，禪定是活潑的，般若是向內悟的。我們如何在生活中奉行六度？

第一、布施是發財的秘訣：你想發財嗎？只要肯布施結緣，就能發財。因為在一次次的布施，為人解決困難中，能獲得眾人的稱讚，所得到的福報也就無量無邊。好比春天及時播種，才能年年有豐厚的收成，所以「布施」是發財的秘訣。

第二、持戒是安全的秘訣：被關在監獄裡，失去自由的人，都是因為犯戒、傷害別人才鋃鐺入獄。所以「持戒」可以得度，如不殺生而護生，自然能獲得健康長壽；不偷盜而布施，自然能發財，享受富貴；不邪淫而尊重他人的名節，自然家庭和諧美滿；不妄語而讚歎他人，自然獲得善名美譽；不喝酒而遠離毒品，自然身體健康，智慧清明。由此可知，持戒乃安全的秘訣。

第三、忍辱是修養的秘訣：孟子曰：「行拂亂其所為，所以動心忍性，增益其所不能。」一個做大事的人，無有不經歷「忍辱」的修養而成就的。歷史上，貌不驚人的林肯，由於能夠忍耐別人的非難挑釁，以幽默的態度從容應付，因而贏得全民的愛戴。忍辱並非懦弱退縮，而是承擔責任，其所蘊含的力量，是無比強大的。所以說「忍辱」是最大的修養。

第四、精進是成功的秘訣：精進如果用在「斷惡修善」上面，必定很快就能成功。俗人懈怠，不僅不能獲得世間的財利，還會一生窮苦到老；修行人懈怠，不僅不能解脫自在，還會聲名敗壞，墮落紅塵。因此，一切善法皆從精進不放逸生。

第五、禪定是安心的秘訣：我們的身體，每天為工作而忙碌動亂；我們的心無時不在妄想、營求、算計裡紛擾不息，這個動亂的身心，總是讓人感到不安寧、不安心。假如能有一點禪定的修養，收攝身心、置心一處，則無事不辦了。

第六、智慧是實用的秘訣：以上所講的布施、持戒、忍辱、精進、禪定，都要以般若智慧為基礎，才能發揮它的作用。讀書要有智慧，才能明辨是非；做事要有智慧，才能靈巧。我們的身語行為，一舉一動，要有智慧，才能流露出睿智的風采。有了智慧，則無往不利，它是真正實用的秘訣。

生活中的「六度」就是：

- 第一、布施是發財的秘訣。
- 第二、持戒是安全的秘訣。
- 第三、忍辱是修養的秘訣。
- 第四、精進是成功的秘訣。
- 第五、禪定是安心的秘訣。
- 第六、智慧是實用的秘訣。

六濁

佛經裡形容娑婆世界為「五濁惡世」，就是劫濁、見濁、煩惱濁、眾生濁、命濁。一個人如果不能善用六根，發揮應有的功能，就會產生六種濁，說明如下：

第一、不識賢愚，是眼濁：人有智愚賢不肖，我們對於很多不同品性、道德、人格的人，看不清哪一個是好人，哪一個是壞人，這就是沒有識人之明，就是眼濁。

第二、不讀詩書，是口濁：諺云：「有田不耕倉庫虛，有書不讀子孫愚。」有的人平日不讀詩書，沒有內涵，不能通情達理，因此所講出來的都是粗魯、低俗的話，不但沒有學問常識，也沒有仁義道德，這就是口濁。

第三、不納忠言，是耳濁：「良藥苦口，忠言逆耳」，這是一般人都耳熟能詳的話。但是當自己有了缺失，別人對他提出諫言，給予指正、建議的時候，雖然明知別人是好意的勸告，是值得參考的忠言，但總覺得逆耳而不歡喜聽，這就是耳濁。

第四、不容他人，是量濁：成功的條件很多，除了能力以外，心量大小也是要件之一。一個人的心量大，就能包容很多不同的人、事、物，自然助緣多，成就的事業就大。所以，我們對於很多不同個性、不同愛好，甚至不同看法、思想、主張的人，都要能包容；不能包容異己，這是度量狹窄，這就是量濁。

第五、不通古今，是識濁：人要有歷史觀，對古今中外的歷史、常識，要廣為涉獵、認識，能夠博古通今，才不會孤陋寡聞。有好多人，對古時候發生過的事情固然不知道，對今日世界的資訊也一無所知；如此不通古今，就是識濁。

第六、不懷正念，是心濁：有的人心術不正，滿肚子想的都是害人的鬼點子，如此不懷正念，就是心濁。有的人，雖然沒有害人之念，但是與人交往，或者在公司機關裡做事，對朋友、長官，都是心懷叛逆，不服領導，故意跟人搗蛋，這也是心裡混濁。

江河之水清澈，才能映月照影；人心清明，才能開發智慧。所以我們應該把「六濁」去除，讓我們心裡清淨起來；眼耳鼻舌身心不混濁，才能成為清淨的人。六濁就是：

第一、不識賢愚，是眼濁。

第二、不讀詩書，是口濁。

第三、不納忠言，是耳濁。

第四、不容他人，是量濁。

第五、不通古今，是識濁。

第六、不懷正念，是心濁。

孫家勤繪

六種損友

一個人生活在世間上，不能沒有朋友，孤獨的人生很寂寞。結交益友，添增許多歡笑，甚至可以為你開拓眼界，排難解紛。交友不當，往往快樂一時，煩擾一生。要如何辨別什麼樣的人是損友呢？以下舉出六種損友供大家參考：

第一、以財交者，財盡則交絕：以金錢作為來往訴求者，此友不可深交。因為他所要結交的只是「錢財」，一旦財盡則友情不再。這種重財不重義的朋友，就是一種損友。

第二、以色交者，色衰則愛變：魏靈公喜愛彌子暇長得俊美，便百般呵護，子暇亦報以真心。一次子暇將果子咬了一口，覺得味美，立即將此果呈給魏公，魏公云：「子暇厚待於我！」等到子暇色衰，魏公不愛，反責子暇過去曾以「剩果」侮辱他。如果有人因為你美好的外表而與你交往者，將來也容易因為你的色衰，棄你而去，這是一個缺少生命內涵的損友。

第三、以權交者，權盡則情疏：位高權重之人，似乎具有呼風喚雨之力，使得投機者趕緊前來攀緣附勢。既以「權位」為訴求，一旦權去位失，這些投機客，自然相繼的離去。所以，如果你是一個高位者，想要結交真心的朋友，更加要看清對方真正的動機。如果你希望與高位者交，也應以真心為出發點，不可成為對方的損友。

第四、以名交者，名去則友散：俗話說「人怕出名、豬怕肥」，人一旦出了名，就像身上多了一道光環，人人爭相靠近沾光，走到哪裡，都很容易吸引擁護的人潮。一旦失去了名聲，身邊很難再有什麼朋友。如果你的名聲很高，想要交個真心的朋友，要看他是因為你的人格內涵而結交於你呢？還是因為你名聲的表相而來？

第五、以勢交者，勢傾則往斷：勢力者，有「勢」即有「力」也。所謂「人多勢眾」也是這個道理。普通人都想朝向熱烘烘、有勢力的地方去，因為他想要一個靠山。一旦這座靠山倒了，等於「樹倒猢猻散」，各人又忙著再去尋找另一座靠山，這樣的朋友沒有「格」，他們當然不會是

道行法師繪

真正的朋友。

第六、以利交者，利窮則人卑：建立在物質利益上的朋友，大多數是見利忘義的小人。如果因為你提供了有利的「條件」，以此交換而來的朋友，等到你的「利」盡了，朋友也看你不在眼裡。所以受利誘而來者，是最不可靠。交友六損就是：

- 第一、以財交者，財盡則交絕。
- 第二、以色交者，色衰則愛變。
- 第三、以權交者，權盡則情疏。
- 第四、以名交者，名去則友散。
- 第五、以勢交者，勢傾則往斷。
- 第六、以利交者，利窮則人卑。

六種助緣

一棟大樓，要有鋼筋、木材、磚瓦的助緣，才能成為一棟大樓。我們也一樣，必須有很多朋友和各種因緣，才能助長我們的事業、圓滿我們的人生。這裡提供六種助緣：

第一、微笑能助長活力：微笑是保持健康的藥石之一，常常微笑，內心的快樂會增加我們的活力與能量。微笑能夠散播喜樂給別人，或者當你有求於人時，先來個微笑，事情也比較能順利如願。

第二、寬恕能助長氣度：寬恕是人我之間相處的潤滑劑，也是胸襟、氣度的試金石。種族之間，世仇爭戰，禍延多代，都是因彼此沒有寬恕的雅量，像印度的琉璃王，對心中的羞辱不能釋懷，而造下屠殺種族的惡業。相反的，戰國的齊桓公能不念一劍之仇，義恕管仲，終能九合諸侯，一匡天下。可見世間上的武力不一定能解決問題，唯有寬恕，才能感召人心，化解怨恨。

第三、包容能助長和諧：這個世界就是因為有「千差萬別」的不同，才展現出繽紛多彩的風貌，因此，對於別人的缺點，我們不要計較，要多多包容。如台灣七景之一的關仔嶺溫泉，就是「水火同源」的最佳顯現。凡事不必強求一致，能夠包容而異中求同，共存共榮，反而能創造多元發展的社會與文化。

第四、放生能助長壽命：在《佛說食施獲五福報經》裡寫道：「施命者，壽命延長而不夭傷。」我們放生、護生，延長眾生的壽命，有了惜生、護生的因，自然能得到長壽的果報。放生還有一個更大的意義就是放人一條生路；能夠隨時隨地給人方便、救濟人、讓人離苦，才是最重要的。

第五、慈悲能助長人緣：社會上，有學問的人不見得能得到別人的尊敬，有能力的人也未必有人喜歡，但有慈悲的人沒有人不願意和他親近的。因為有慈悲心的人，能透過真理的感動助人、能心存正念的服務濟人，也能怨親平等，無私無我，所以言行舉止都如陽光、淨水、花朵，讓人感到光明、歡喜。

第六、讀經能助長智慧：蕅益大師說：「不調飲食，則病患必生；不閱三藏，則智眼必昧。」很多人雖然知識豐富，但見解不正，成為「愚癡」；而佛教典籍所提出的般若智慧，能夠讓我們解脫愚癡，圓滿人生，因此常常讀經就能開啟智慧。

孫家勤繪

佛教常講「眾緣和合」，我們做什麼事情，要想成功，必定須要因緣具備；因是主要的力量，緣是幫助的條件。

我們平常要有六種助緣才能成事：

- 第一、微笑助長活力。
- 第二、寬恕助長氣度。
- 第三、包容助長和諧。
- 第四、放生助長壽命。
- 第五、慈悲助長人緣。
- 第六、讀經助長智慧。

六度之喻

佛教的修行法門很多，其中有六種讓眾生得度之道，稱為「六度」，即：第一、布施，可以種一收十，改造自己慳貪的性格；第二、持戒，可以清淨三業，改造自己惡性的行為；第三、忍辱，可以自他得益，改造自己瞋恨的惡習；第四、精進，可以無事不成，改造自己懈怠的因循；第五、禪定，可以身心安住，改造自己散亂的思想；第六、般若，可以觀空自在，改造自己愚癡的認知。六度正如六架飛機，亦如六艘輪船，載著吾人航向光明的前程。此外，六度還有六種譬喻：

第一、布施如播種：布施猶如播種，有播種才有收成。現在有一些人不懂得布施，光是祈求天地、神明，希望給我發財富貴。但是沒有播種的因，如何能有收成的果呢？所以要想得到富貴的果，必先栽種布施喜捨的因。

第二、持戒如鋤草：持戒可以讓三業清淨，可以去除心裡的煩惱；煩惱去除了，則心田不但不長無明之草，還能常開智慧的花朵，就像田地裡的雜草剷除淨盡，自然五穀豐登。

第三、忍辱如養分：忍辱能負重，忍是一種智慧，忍是一種力量；能忍一時之氣，才能涵養負重的智慧與力量，才能建功立業。所以，忍辱就是為人生的漫漫旅途加油，增加養分；就如田地裡的稻禾，給予施肥、灌溉，才能成長、茁壯。

第四、精進如日照：日照充足，能令萬物成熟；精進不懈，能使善法日增。精進就是「未生善令生起，已生善令增長；未生惡令不生，已生惡令除滅。」精進正如日光照耀大地，能去除黑暗，帶來光明。

第五、禪定如甘露：禪是智慧，禪是幽默，參禪修定，體會禪悅法喜，就如渴飲甘露，無比的清涼。當生活中有了禪味，自能隨緣放曠，任性逍遙，天地何其寬廣，人生何苦之有？

第六、智慧如花香：花朵所以受人喜愛，因為花香能散發清新的生命力；人有了智慧，就像花香能為生命憑添內涵與光彩。花開之後才能結果，下一期的生命因此能延續；人有了智慧，生命才能圓滿完成。

六度是「人我兩利」、「自

他得度」的大乘舟航，六度對我們的人生很重要，我們希望自己的人生能夠開花結果，那麼就要廣行六度。

六度之喻是：

- 第一、布施如播種。
- 第二、持戒如鋤草。
- 第三、忍辱如養分。
- 第四、精進如日照。
- 第五、禪定如甘露。
- 第六、智慧如花香。

孫家勤繪（局部）

處眾六妙門

大雁不能離群單飛，離群的雁容易迷失方向；人不能遺世獨立，離開團體，個人就難以生存。所以，人要在群眾中生活，就要學會處眾之道，有六個方法提供參考：

第一、聽聞要明白：聽話是一種藝術，聽人講話要把話意聽明白，不能一知半解、斷章取義。有的人不會聽話，偏聽、誤聽、錯聽的結果，造成許多是非、謠言。所以聽話要兼聽、全聽，要懂得分析，不能囫圇吞棗，這就叫諦聽。聽話要懂得往好處想，這就是善聽。會聽話的人才能聽得懂「弦外之音」，會聽話的人才能聽得出「意在言外」。

第二、臉色要和婉：俗語說「知人知面不知心」，一個人心裡想什麼，別人可能很難察覺得出來，但是從臉色一看，很容易就知道你是在生氣？是快樂？是憂傷？是不悅？自己的情緒很自然就會感染給對方。所以我們跟人相處，臉色要和婉，要讓人感覺你很親切、很友善、很好相處，讓人樂於親近。一個臉色和婉，時常以笑臉迎人的人，必是最有人緣的人。

第三、行事要慎重：做人要「言忠信，行篤敬」，與人相約從事各種計畫，要審慎考慮，覺得可行之後再做決定；一旦答應以後，就要確實履行，不可事後再討價還價，這都是不智之舉。所謂「涉世不難於變化，難於慎重」，所以做任何決議之前，要慎重其事才好。

第四、疑難要請教：人非生而知之，乃學而知之。在學習的過程中，遇有不懂、不瞭解的疑難問題，要不恥下問。所謂「學問」，學而後知不足，且勇於向人就教、請問，不但顯示自己謙虛，這也是自我進步之道。

第五、生氣要三思：與人相處，難免會有意見相左的時候，甚至對方令我難堪、給我傷害，讓我下不了台。遇到這種情況，一般人難免火冒三丈，怒氣沖天。但是當我們要生氣的時候，如果轉念一想：這樣值得嗎？過分嗎？生氣能解決問題嗎？能夠三思而後行，所謂「脾氣慢半拍」，自然能夠息下怒中火，而不致於破壞人情。

第六、利益要正當：與人合作，有了利益大家均分，這很正常。但是不正當的利益千萬不可隨便取得，如《寶王三昧論》說：「見利不求爭分，利爭分則癡心妄動」。所以見到別人有好處、利益，不要就想分一杯羹，也不要生嫉妒心；要以隨喜心為人家歡喜、祝福，這樣就不會癡心妄動了。

處眾的方法其實不難，難在實踐。只要心中有人，只要肯吃虧，肯利人，處眾不難。所以「處眾六妙門」就是：

第一、聽聞要明白。

第二、臉色要和婉。

第三、行事要慎重。

第四、疑難要請教。

第五、生氣要三思。

第六、利益要正當。

趙少昂繪

新八正道(一)

佛陀成道之初，即為眾生開示八種轉凡成聖，通向涅槃解脫的正確修行方法，稱為「八正道」，分別是：正見、正思惟、正語、正業、正命、正勤、正念、正定。如果能依此八正道修行，就能降伏煩惱，獲得安樂。身處現代化的社會，做人處事，經常會遇到許多問題，在此也提供「新八正道」，作為行事的方向準則：

第一、發心：發心的人，表示富有；貪心的人，表示貧窮。尤其發心是肯定自己的最大力量。地上髒了，我發心掃地；房間亂了，我發心整理。你有困難，我發心幫你把工作完成，你有急難，我發心助你一臂之力。發心，表示我有力量承擔、去完成事情，內涵、意義、品質就都不一樣了。

第二、思惟：文章要組織思惟，才能完成；畫作也要布局思惟，才能呈現。思惟是行動前的重要功課，思惟是驅動實踐的主要力量，你思惟想要作什麼，就會朝那個方向去付出努力。因此，我們要自我訓練正確的思惟，能夠正確思惟會意，做事才能靈巧，做人才能通達。

第三、安住：小鳥有巢可住，烏龜有殼可住，有人身住高樓不能安心，也有人蝸居丈室不覺簡陋，到底人安住在那裡？世間人把自己住在聲色貨利裡，住在功名權力裡，這些外在的東西，時刻都在變異，那裡能叫人安住？慈航法師說：「只要自覺心安，東西南北都好。」人若能肯定自己，自覺心安，不被五欲六塵的境界牽著鼻子走，那麼管它東西南北，心自然能安住了。

第四、滿足：人的欲望無窮無盡，在這世間，大家爭求著財富、名色、自我的欲樂，對欲樂中隱藏的痛苦經常無法克服，也無法捨離。滿足，正可以幫助我們昇華欲望、轉化欲望。有一顆滿足的心，吃飯，不一定要山珍海味，睡覺，不一定要高廣大床，人我之間，也不一定要你爭我奪，徒生嫌隙。一個滿足的人，就不會為欲望牽累，身心自然獲得自在。

風起了，浪也跟著起了；風動了，幡也跟著動了；我們的心起舞、波動，生活也會紛紛擾擾、坐立不安。如何有個正道安全行走？以下這四個方法可以參考。

第一、發心。

第二、思惟。

第三、安住。

第四、滿足。

新八正道(二)

走在路上，遇到彎道，自然會小心謹慎；夜晚來臨，走在暗道，也會盼望有盞燈光指引方向；我們人生遇到彎道、暗道時，也會希望安全度過。以下再談引導我們走上正道的四種方法：

第五、接受：杯子滿了有再好的飲料，也倒不進去；肚子飽了再美的佳餚，也引不起食欲；同樣的，假如我們的心滿了，也無法納受好的建議、好的觀念、好的見解或看法。好比天降甘露，你不肯接受，陽光普照，你不肯接受，那又怎能成長？因此，放下成見，把心打開來學習接受，能接受清淨、善美、正當、真實……種種美好的事理、知識，還怕不能成功？

第六、合作：這個世界是大家的，佛門講究因緣，要有很多因緣聚集在一起，才能成就一件事。好比在打球中要與隊友相互搭配，才能獲勝。你不與人合作、團結，單打獨鬥、特立獨行，別人難以與你配合、相處，你就沒有立足之地，無以生存。不合作可以說是做人最大的缺陷，能把不合作的自私毛病改了，將來才會有人緣、有成就、有前途。

第七、懺悔：日常生活中，我們的身口意三業經常在有心、無心之間，做錯多少事情，說錯多少言語，動過多少妄念，只是沒有覺察。所謂「不怕無明起，只怕覺照遲」，能夠有覺照反省的工夫，就是懺悔。懺悔有如法水，可以洗淨我們的罪業；懺悔就像船筏，可以運載我們到達解脫的彼岸；懺悔譬如藥草，可以醫治我們的煩惱。能夠持有懺悔的心，日日懺悔、改進，胸襟自然能開闊，生活自然能提升，就能得到清淨、快樂。

第八、感恩：一個人的不滿與苦惱，大都從比較中產生；反之，一個人的平安與幸福，大都是從感恩中獲得。不懂得感恩，雖然表面富有，但內心不知足，生活毫無樂趣可言；能夠感恩，即使遇到人生的豔陽、霜雪，都知道是成熟自我的因緣。感恩的人生，才明白富貴的真義在那裡。

河流離開水道，就會氾濫成災；飛機偏離航道，就要發生危險；人生的道路上也有很多的引誘、陷阱，讓我們受難、失敗。能夠以上述的「新八正道」，作為身心行為依循的方向，就能離遠旁門左道、羊腸小道，乃至邪魔外道，走上坦坦蕩蕩的光明大道、康莊大道。

第五、接受。

第六、合作。

第七、懺悔。

第八、感恩。

十無思想（一）

在一般人的觀念裡，大多是從「有」來衡量算計事物、情理，而不願意從「無」去意會、理解。其實「無」比「有」更多、更微妙。因為「有」是有限、有量、有窮、有盡。而「無」是無限、無量、無窮、無盡。這些微妙的道理，從以下的十無思想裡，可以一窺究竟。

第一、無財之富：錢財是人人都需要的，但是，錢財並不能填滿欲望的山谷；對錢財不能滿足，還是一樣貧窮。除了有形有相的財富之外，我們應該要有無財之富。例如健康的身體、溫暖的親情、良好的人緣、道德的信譽等，此外，佛教的「信仰、持戒、慚愧、聞法、布施、禪定、智慧」等七聖法財，更是妙不可言的財富。

第二、無求之有：一般人都希望擁有，所謂求功名、求富貴、求財、求利，其實，有所求就會有所失；無求反而獲益更多。例如《寶王三昧論》云：「念身不求無病，身無病則貪欲易生。處世不求無難，世無難則驕奢必起。究心不求無障，心無障則所學躐等。」把「有求」與「無求」之間的因果關係，說得非常的中肯。所以說「有求莫如無求好，進步那有退步高。」

第三、無情之慈：無情之慈，就是大慈悲。像西藏的馬爾巴上師，為了消除弟子密勒日巴過去所做的惡業，以不近人情的方式來折磨他、鍛鍊他，這種無情之慈，成就了一位藏傳佛教葛舉派的偉大僧人。

第四、無欲之樂：世間有財、色、名、食、睡五欲，有玄、黃、朱、紫種種妙色寶物。這一切都會使眾生樂著無厭，雖有一時之歡愉，大半煩

陳樹人繪（局部）

惱卻也在其中。不如學習無欲之樂，效法維摩居士「吾有法樂，不樂世俗之樂」，以法自娛，禪悅為樂。

第五、無住之家：我們生活在世間上，就身體來說，必須有一個像避風港、安樂窩一樣的家，講求父慈子孝，兄友弟恭的倫理關係。

但就精神上來看，我們還必須有無住之家；一個沒有執著，沒有煩惱的家。比如在觀念上，學習出家人以隨緣為家，「一缽千家飯，孤僧萬里遊，為了生死事，乞化度春秋」；以虛空為家，「出家無家處處家」；以自然為家，「日中一食，樹下一宿」。這種逍遙灑脫的情懷，就是無住之家。

佛教的「十無思想」，前五點給大家參考：

第一、無財之富。

第二、無求之有。

第三、無情之慈。

第四、無欲之樂。

第五、無住之家。

十無思想(二)

中國禪宗六祖惠能大師，出家之前，在市場以賣柴為生，他偶然聽到有人讀誦《金剛經》，當聞至「應無所住而生其心」時，頓然開通，悟入實相，而萌發出家之志。

「應無所住」是「無」的思想，「而生其心」則是因「無」而生的「妙有」。「十無思想」的後五點，也有這種意味。

豪年繪

第六、無安之處：對一般人來說，大多希望找一個平靜安穩的地方。但是，如果想要上進，想要鍛鍊毅力，或是希望有更大的成就，不妨找一個無安之處。所謂無安之處，就是人情生疏的異域，或是貧苦的地方；在無安之處，更能增長我們的力量。

第七、無人之眾：通常一些達官貴人，出入時都喜歡有人前呼後擁，或是希望自己交遊廣闊，即使是在家裡，也總是希望能兒孫滿堂。其實，一個人在眾人的擁簇之下，雖然能感到無比的快樂，但終究不如「無人之眾」的灑脫自在。

一個人除了親友環繞之外，如果還能關心一切動物，感受花草樹木的呼吸，傾聽大自然的鳥鳴蟲叫，或以日月為禪侶，則心胸必能更加開闊。

第八、無悔之心：懊悔、疑悔、掉悔，都是我們心中的煩惱，要以佛法的正見、正信、四念處等法門來對治，我們的心才能坦蕩無悔。在佛法的引導之下，我們會知道，布施是富有之道，發心做事是結緣之道，受苦受難是消除業障之道，犧牲奉獻是信仰之道，所以會心甘情願，無怨無悔。

第九、無聰之慧：有些人太過聰明，比如某些政客運用權謀，擾亂國政；奸商損人自益，貪占便宜。他們自以為聰明，但是紙包不住火，往往聰明反被聰明誤。不如學習吃虧，學習法忍；於一切善惡境界不動心、不動念的無聰之慧。

第十、無功之事：做事之前要評估，事成之後要論功行賞，這是一般講究功利、成就感的人所要求的功德。其實，真正做大事的人懂得「大道無為、大功不宰、大善無跡、大位不居」，一切成功之事都是眾緣所成，自己只是眾中之一而已，所以不會計較、執著自己的貢獻，反而因為不著相、不計較，更擴大了心量，昇華了功德。

「十無思想」的後五點是：

- 第六、無安之處。
- 第七、無人之眾。
- 第八、無悔之心。
- 第九、無聰之慧。
- 第十、無功之事。

道行法師繪

十有思想(一)

一般人認為「有不是無」，「無不是有」，有與無是不一樣的。然以般若智慧觀照世間萬法，就能知道「無不是真無，有不是真有」的至理，無與有之間，既非對待，亦非分別，而是純然如一，理事無礙的。「有」，是世法，是生活的活用；「無」，是出世法，是生命的本體。我們可以擁有，只是應該擁有什麼？

第一、要有宇宙之心：佛教云：「今此三界，唯是心有。」南宋陸九淵體悟「萬物森然於方寸之間，滿心而發，充塞宇宙，無非此理。」明代理學家王陽明繼之發揚「宇宙即是我心，我心即是宇宙」。既然宇宙能涵容世間的一切，我的心中為什麼只愛一個家庭？只愛一個國家呢？我們的心應該什麼東西都能包容，要擴大得像宇宙一樣大。

第二、要有度眾之慈：如果希望別人來親近我們，向我們求教，首先自己要散發出慈悲的氣息，運用布施、愛語、利行、同事四攝法門，才能度人教人。如同觀世音菩薩「以種種形，遊諸國土，度脫眾生」，就是憑藉著慈悲為本，方便為門，才能擴大無邊的教化事業。

第三、要有弘法之勇：一個人在世間上立身處事，不可逞「匹夫之勇」，應該把勇敢用在維護正義、講學、弘道、傳教上面。孔子壯年時即道譽隆盛，追隨他的學生眾多，但是孔子的一生，很少受到諸侯國君的重用，並且長期過著不安定、四處遊走的生活，孔子曾感嘆自己「累累若喪家之犬」。即使如此，孔子仍堅定其「不義而富且貴，於我如浮雲」、「志士仁人，無求生以害仁，有殺身以成仁」的道德；這就是弘法之勇。

第四、要有修道之恆：學習世間的技能，至少也要三年五載才能出師，更遑論修道？菩薩修行要「三祇修福慧，百劫修相好」，久集無量福德智慧，不生疲倦，不生厭離，才能圓滿五十一階位而成就佛道。如果修道沒有恆心，就像露水道心，又如五分鐘的熱度，是禁不起時間考驗的。

第五、要有正覺之慧：現在科技進步，學術發達，各種思想、見

歐豪年繪

解、宗教，真是五花八門，我們必須有正覺的智慧去判斷、了解和深思，才能理出一條智慧之路；此正覺的智慧，則來自於自我觀照的般若信仰。

十有思想的前五點是：

- 第一、要有宇宙之心。
- 第二、要有度眾之慈。
- 第三、要有弘法之勇。
- 第四、要有修道之恆。
- 第五、要有正覺之慧。

十有思想（二）

佛教的「十有思想」，除了要有「宇宙之心、度眾之慈、弘法之勇、修道之恆、正覺之慧」，接下來，還有以下五點：

第六、要有出世之性：人生有前有後、有退有進，才是一個中道而圓滿的人生。人的性格也應該有入世生活的性格，和出世超脫的性格。入世的性格，重視的是人間生活福樂的營求；出世的性格，是一種超然物外，不為情累的清虛飄然。所以，當一味汲汲營求榮華富貴之時，不妨時時回頭觀照，將自己的身心棲息在另一個出世的清淨境界。

第七、要有護教之忱：不論做學術研究、參加政黨，或宗教信仰，都必須有護衛研究成果、支持政黨理念、維護宗教信仰的熱誠。像十五世紀的波蘭天文學家哥白尼，窮其一生觀察星象，發表地球是圓球體、地球不是宇宙的中心等「天體運行說」論文給教皇，卻引來羅馬天主教、馬丁路德等教會的抨擊。乃至後來的義大利哲學家布魯諾、物理學家伽利略，都因為提倡哥白尼的地動說，受到嚴厲的審問和軟禁處分。這種維護真理，不因遭受苦難而變節的勇氣，就是護教的熱忱。

第八、要有容人之量：做人處世，唯有寬大容物才能領導他人。所謂「仁者待人，各順乎人情，凡有所使，皆量其長而不苟其短。」容人是一種美德，是一種思想修養，更是一種高尚的品德。一個人的包容心愈大，其成就的事業也就愈大。而且，不但要包容各種人，還要能容人之長、容人之短、容人之功、容人之過。

第九、要有忍辱之力：世間最大的力量，不是拳頭，不是槍砲子彈。

世間最大的力量是忍辱，像孔聖之忍飢，顏子之忍貧，閔子之忍寒，淮陰之忍辱，張公之忍居……古之為聖為賢，建功樹業，未有不得力於忍者。所以，忍辱是一種擔當的力量。

第十、要有菩提之願：每一個人的成功，都是靠立志、發心、願力來

成就的。像釋迦牟尼佛在金剛座上發出「若不成佛，誓不離此座」，以此菩提願而證悟宇宙人生的真理；地藏菩薩自願下地獄，發願「地獄不空，誓不成佛；眾生度盡，方證菩提。」再如阿彌陀佛的「四十八大願」、藥師佛的「十二大願」、觀世音菩薩尋聲救苦的悲心等，都是靠菩提願心來圓滿功行的。

「十有思想」的後五點是：

- 第六、要有出世之性。
- 第七、要有護教之忱。
- 第八、要有容人之量。
- 第九、要有忍辱之力。
- 第十、要有菩提之願。

卷三 道德福命

所謂「道德福命」，
不是你說自己有道德，就有道德；
說自己有福報，就有福報。

道德福命

每一個人都期許自己：我有道德、我有福報、我的命運很好！所謂「道德福命」，不是你說自己有道德，就有道德；說自己有福報，就有福報。「道德福命」是從哪裡來的呢？有四點看法：

第一、道生於安靜：道在哪裡？道在寂靜的世界裡。平時如果我們能把自己的身心安靜下來，道就會浮現在前面。所謂「道」是很平等的，「道」是很普遍的，「道」是共有的，「道」是恆長不變的；如果我們不能把自己的身心安定下來，不把雜念去除，任他妄動、妄想，就不容易懂得「道」。

第二、德生於克己：什麼叫德？德是對自我的要求，不是用來要求別人。我們常常不自覺的怨怪周遭的人，你不好、他不好，這個不對、那個不對；有德的人不會如此，他會自我要求、自我健全、自我圓滿，這才是德。

第三、福生於儉樸：福在哪裡？福在我們日常生活的勤儉樸素裡。所謂「惜福」，福報要珍惜它、愛惜它，才有福報；你不惜福，把福報都浪費、用盡了，當然沒有福報。所以，在勤勞、樸素裡

孫家勤繪

面，容易長養自己的福報。

第四、命生於和暢：佛教講「四大本空」、「借假修真」，人要活在世間上，一定要有「命」，如果我們的性命結束了，身體不是我的了，身體腐爛了，就沒有色身依附性命，因此我們要重視身體。最主要的，就是要維護我的性命；命必須要和暢，氣要和、心要和，當然人性也要和暢，什麼都能暢通、暢達，命自然會存在。

所以，「道德福命」從哪裡來？有四點：

第一、道生於安靜。

第二、德生於克己。

第三、福生於儉樸。

第四、命生於和暢。

善語之德

動亂的產生，以語言為先鋒，人惹禍害，也以語言最為厲害。所以《尚書》載：「語言不合義理，正好招致羞辱。」《詩經》亦載：「白珪之玷，尚可磨也，斯言之玷，不可為也。齒頰一動，千駟莫追。」意思是，一塊白玉有了缺損，還可以磨得平齊，但是語言失當，就無法補救了。好比一千匹快馬，再也追不回來已經說出去的話。因此我們說話，要學習佛陀說「真語、實語、如語、不誑語、不異語」，這是第一真實之語，也是善語之德。如何說出善德之語？可歸納為下列四點：

第一、正直的語言能去除綺語：我們說話要說正當的話、真摯的話。綺語如花言巧語，會讓人上當受騙。這種有違真心的綺語，不但令人不信任，還會折損本身的福德，所以我們要說正直之語，才是合乎道理的語言。

第二、柔軟的語言能去除惡口：我們對人家說話要說親切的語言、慈悲的語言、柔和的語言。因為柔和的語言，別人聽了必定很歡喜。佛經載，如果以惡口罵詈誹謗他人，以圖一時之快，不只罪報如影隨形，本身亦失去力量。因此，不可口出惡語，毀訾他人，讓人生起煩惱，自己也喪失意志。

第三、和合的語言能去除兩舌：我們跟人說話，要說一種能使人家和好、相應的語言，而不是挑撥離間的話。挑撥離間，在佛教裡叫做兩舌、妄語，東家長、西家短，搬弄是非、蜚長流短，向此說彼、向彼說此，這種人就是兩面人。因此要以和合的語言，才能把兩舌語去除。

第四、實話的語言能去除妄語：妄語就是「見言不見，不見言見；

法說非法，非法說法。」我們說話，要說真實話；說了真實的好話，還要與自己的言行相符，這些話才能給人相信，給人接受。養成說真實語的習慣，才能去除妄語的壞習慣。

古人說：「言語簡寡，在我可以少悔，在人可以少怨。」所以「話多不如話少，話少不如話好。」再說，語言最容易積德，比如，看到人家做善事，發言讚美；見人為惡，善言規勸；人有爭訟，做和事佬；人有冤抑，協助辨明。不揭人隱私，不自讚毀他，這都是善德之語。

第一、正直的語言能去除綺語。

第二、柔軟的語言能去除惡口。

第三、和合的語言能去除兩舌。

第四、實話的語言能去除妄語。

改變命運的方法

命運是因人而異的，有的人一生遭遇許多折磨辛勞，有的人卻是平步青雲，有的人樂天知命，有的人則哀歎命苦。你會埋怨老天爺捉弄命運嗎？其實命運掌握在自己手裡。只要懂得轉彎，官場失意的才子也可以成為一代文豪；落魄的店小二也能成為企業家。這裡提供四點改變命運的方法：

第一、改變觀念：觀念決定我們的行為，行為造就我們的命運。命運都是自己造作的，要有好的命運先要有好的觀念，如果對世間充滿了瞋恨，清涼的佛土也會變成火宅；懷抱愛心對待世上一切，生活快樂，污穢的娑婆就是美麗的淨土。因此，除去邪惡、不正確的觀念，建立正知正見，化自暴自棄為積極向上的力量，好運就會跟著來。

第二、改變態度：同樣的際遇，各人處世態度不同，其結果也大不相同。慳貪的人只會中飽私囊，喜捨的人總想廣濟社會；瞋恨嫉妒心重的人，整天心情鬱怒，心胸開闊的人，天天歡喜自在；厭世隱遁者只想獨善其身，熱愛家國者則積極服務鄉梓。每個人面對世間的態度不同，交友的廣狹不同，影響的層面也會不一樣。

第三、改變習慣：惡習蠶食我們的生命，毀滅我們的幸福；壞習慣一旦養成，不但影響終生，後患無窮，並且累劫遺害不盡。所謂「江山易改，本性難移」，想改都很難，不過，也有肯堅定決心者，扭轉了多年弊習，改變了自己的人生。譬如常常惡口罵人，沒有人緣，若能改變，多說好話，常讚歎人，人緣就會跟著變好了。

第四、改變人格：現在醫學發達，得了心臟病換個心臟，仍然如生龍活虎般充滿活力。我們的肉團心壞了，固然要動手術換掉，智慧妙心壞了更應該改換，把壞心換成好心，把惡心換成善心，把邪心換成正心；將難改的性格修正，把暴躁的脾氣改成柔和，把孤僻的性情改成隨緣，命運一定隨之改觀。

上天沒有能力把我們變成聖賢，上天也不能使我們成為販夫走卒，成聖希賢都要靠自己去完成，所謂「沒有天生的釋迦」，只要我們努力向善向上，好的命運是可期的。如何改變命運，有四點意見：

第一、改變觀念。

第二、改變態度。

第三、改變習慣。

第四、改變人格。

孫家勤繪

什麼是善行

《俱舍光記》說：「造作為業」。凡是身所做的事情，口所說的語言，心所想的念頭，都叫做「業」。業的好壞、善惡將決定我們未來的發展與去向，因此多行善因、多聚善緣，甚為重要。「什麼是善行」，有四點：

第一、有道德的做事就是善行：道德是一個人立身處世的根本，徐世昌就曾說：「凡建立功業，以立品為始基。」身而為人，重在有道、有德，你多說好話、寬厚待人、給人方便、奉獻敬業，凡是合乎道德標準的事，都樂此不疲，這樣的做事才叫做善行。與人相處中，存有道德的思想與觀念，以道德的修養來豐富自己和別人的生命，不僅能提升自身品格的高度，更能予人喜樂，何樂不為也！

第二、有施捨的發心就是善行：司馬遷說：「愛施者，仁之端也。」布施是一種慈悲的體現，是善心之所趨，願意將自己所擁有的，與人分享。布施是一種貢獻，在日常生活中，發心把歡喜給人，把財富給人，把利益給人，傳授知識給人，解決他人的困難，隨喜讚歎，甚至像觀世音菩薩一樣「施無畏」，讓人不起恐怖心，都是一種布施的善行。

第三、有慚愧的心念就是善行：我們每天的舉心動念、待人處事，難免會有缺失或不完美的地方，然而能知慚愧，就能清淨我們的身心，遠離熱惱。所以《大方等大集經菩薩念佛三昧分》告訴我們：「住於一切不善法中，常行慚愧；成就慚愧，遠離不善。」常懷慚愧的心，即能遠離諸惡，成就一切善法。

第四、有光明的傳播就是善行：作大眾傳播工作的人，一定要傳播善行善事；我們平常講話也是一樣，也要傳播別人的好話。「隱惡揚善」是中國人的美德，不要讓「好事不出門，壞事傳千里」，如果一個誤傳，將好話說成壞話，白的說成黑的，本來是一件好事，因為說的不得體、不周全，變成壞事，就自傷傷人了。所以光明的傳播才是善行。

這是一個講究創造力的時代，對於生命的未來，也應努力經營、用心創造。多行善事，我們的生活才能豐富精彩；多行善事，便能創造一個光明的未來。「什麼是善行」，有四點：

第一、有道德的做事就是善行。

第二、有施捨的發心就是善行。

第三、有慚愧的心念就是善行。

第四、有光明的傳播就是善行。

處世偈

做人處事是人生的一門大學問，有的人活到七、八十歲，卻一輩子也學不會，所以現在有人專門研究人生哲學、處世哲學。人生到底怎樣才能稱得上會做人處事呢？有一首四句偈提供參考：

第一、退一步海闊天空：人有前面的世界，也有退讓的境界；向前的世界雖然積極，背後的世界卻更寬廣，唯有看清這兩個世界，才能真正擁有全面的人生。所以做人處事不一定要處處跟人斤斤計較，不一定要步步向前，有時候向前固然有我們的半個世界，但是回頭一看，後面還有半個世界，所以退一步想，可以海闊天空。

第二、讓三分何等清閒：做人要「義之所在，不落人後；利之所在，不居其前。」所謂「功名富貴之前退讓三分，何等安然自在；人我是非之前忍耐三分，何等悠閒自得。」所以對人不必要求十分，反而讓他幾分，你會得到更多。懂得讓人一些，真是何等清閒。

第三、忍幾句無憂自在：人與人之間的爭執、衝突，常常是不經意的一句話所引發，因為一言不和，反唇相譏，於是你來我往，最後武力相向，一發不可收拾。其實語言是名言假相，一句話你把他往好處想，他就是好話，往壞處想，他就成了壞話。我們無法要求別人都說好話，唯有自己用心轉境，自然心中無懊惱。何況現在是民主時代，容許各種不同的聲音存在，所以能忍幾句，才能無憂自在。

第四、耐一時快樂逍遙：一朵花的開放，必須經過種子深埋土裡蘊育，其間必須忍受黑暗、潮濕、寂寞，而後抽芽。甚至開花後，還要耐得住風霜雨雪，乃至蜂蝶採蜜時的傷害，他才能迎風綻放，展現丰姿。做人也要忍得住責備，才堪造就；耐得住委屈，才能進德。所以遇到不如意的境界，不要太衝動，有時候需要忍耐一下，不要以為忍耐就是吃虧，忍耐是一時的，忍耐之後的快樂逍遙卻是長久的。

這一首處世的偈語，無非要我們凡事退一步想，凡事謙讓、忍耐，自然與人無爭。希望大家能以此做為參考，能夠有所受用。

這首偈語是：

- 第一、退一步海闊天空。
- 第二、讓三分何等清閒。
- 第三、忍幾句無憂自在。
- 第四、耐一時快樂逍遙。

做人處世十二法則(一)

自然界的事物都有其生存法則，宇宙物理與人類之間，也有它應循的軌則，《中庸》云：「天命之謂性，率性之謂道，修道之謂教。」人生最重要的就是把人做好，要圓滿做人處事，也有其應守的法則，先舉四點：

第一、從忍耐中增加力量：做人要有力量，好比英雄要配刀配劍，才顯得英武。《增一阿含經》說：「小兒以啼哭為力，女人以嬌媚為力，比丘以忍辱為力，國王以威勢為力，羅漢以少欲為力，菩薩以慈悲為力。」力量大，就能堅強承擔。忍耐是世間最大的力量，忍苦、忍辱、忍受委曲，逆境要忍耐，順境的好話好事也要忍耐，才不會得意忘形。一切都忍，忍到最後，就會成為美化世間的力量。

第二、從明理中隨順因緣：合乎自然就合乎因果、緣起、天命、天理。做人要明理，要隨順因緣，不能逆天行事，凡事不合因緣的，即使做了也不能成功。好比河水，懂得避開障礙，故能川流不息；處世，知道了隨順因

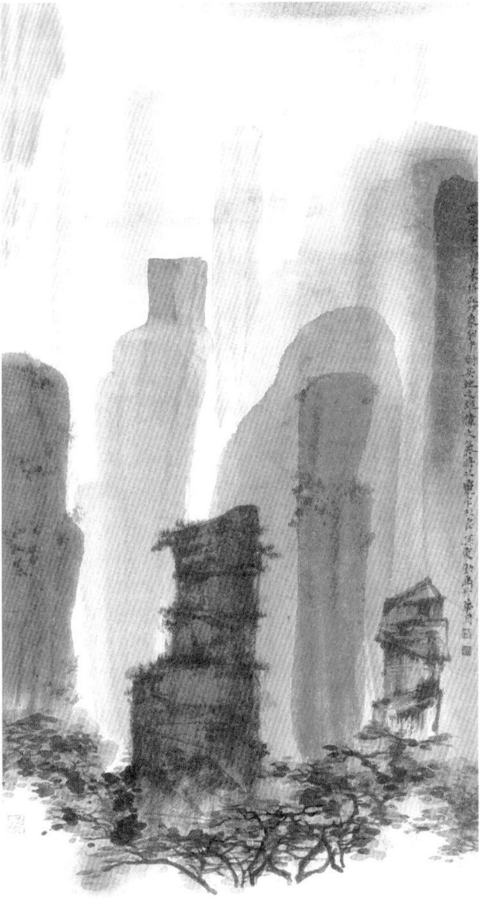

孫家勤繪

緣，才能無往不利。此外，日常用錢應該量入為出，感情處理也要妥當適宜。如果了解每件事情都需要諸多因緣成就，懂得順應自然，就能水到渠成，順利成功。

第三、從發心中莊嚴自己：每個人要發心立願，人生才會有目標。阿彌陀佛發四十八個願心，成就極樂世界；藥師佛發十二大願，成就東方琉璃世界；菩薩發慈悲喜捨四無量心，發願修行六度萬行，廣度眾生，方能圓滿佛道。能發心吃苦、發心作務、發心服務奉獻，做什麼事都能發心，那麼發心有多大，成果就有多大。

第四、從滿足中感恩說好：有些人總想到自己這個欠缺，那個沒有，能全部擁有該多好！其實，感恩是最大的富貴，感恩別人待我好，感恩交通四通八達、物質應有盡有……，乃至道路兩旁的樹木花草，雖然不知道是那個人種的，但它讓大家乘涼，美化世間，不是該感謝嗎？凡此種種都能感恩、讚美，就是最美好的人生。

做人不怕沒有錢，最怕沒有力量，因為有力量，就能承擔一切；處世不怕困難，最怕不明事理，若能隨順因緣，自然無往不利；人生不怕沒有成就，最怕不發心立願，能夠付諸行動，再困難也能成就；日用不怕欠缺，就怕沒有感恩知足，能夠發現善美，人生會更圓滿。做人處事的法則有：

- 第一、從忍耐中增加力量。
- 第二、從明理中隨順因緣。
- 第三、從發心中莊嚴自己。
- 第四、從滿足中感恩說好。

做人處世十二法則(二)

許多人常常慨歎：「做人難，難做人，人難做。」做人處事真的如此困難嗎？未必盡然，倘若事事為己，則處事不易，做人也難；懂得反求諸己，何愁不能將人事做得圓滿。如何做人處事？接下來的四點法則是：

第五、從溝通中融洽和諧：凡事要和諧無爭，溝通、交流是要點。與人溝通若一意執著己見，容易產生誤會分歧。像婆媳不和、親子代溝、親鄰不相往來等，皆是起因於觀念上無法溝通。對此，佛門教導弟子依布施、愛語、利行、同事之「四攝法」，與人溝通、相處，進而營造「六和敬」的環境與心境。總之，人際之間要融洽和諧，「溝通」是必修的課題。

第六、從參與中奉獻身心：我們無法離群索居，所謂「三人成眾」、「獨木不成林」，每個人都必須在大眾中生活，尋求共生的人生。好比參與球賽，需要每位球員奉獻身心、團結同心，才能致勝。做人處事也是如此，只有參與大眾、融入團體，才能成就自我。從參與中奉獻身心，以「大眾第一，自己第二」的觀念生活，則無事不辦。

第七、從和合中集體創作：現今社會講究集體創作，重視團隊精神。個人一枝獨秀，成就有限；集合大眾的力量與智慧，才能創造非凡的成果。常言：「三個臭皮匠，勝過一個諸葛亮。」佛教也講「眾緣和合」，花草樹木需要陽光、空氣、水，方能成熟；一件產品需要材料、機器、人力，才能完成；一部戲劇需要導演、編劇、演員，始能開演。因此，人與人之間，不但要融合，更要相互配合，才能共同成就大事。

第八、從認同中自我享有：自我肯定固然重要，受他人認同，從認同中自我享有，更是必須。反之，無法獲得他人的認同，純粹孤芳自賞，便缺少一份成就感。如同女子初嫁夫家，要學習「洗手做羹湯」，才能獲得家族的認同，進而自我享有。此外，想要被人認同，要先學會認同別人，懂得相互包容尊重、彼此關愛、立場互換，才是真正的同體共生。

在做人處事上，如何遊刃有餘？不妨由這四點做起。

- 第五、從溝通中融洽和諧。
- 第六、從參與中奉獻身心。
- 第七、從和合中集體創作。
- 第八、從認同中自我享有。

做人處世十二法則(三)

世間種種，尤以人事的應對最為複雜，不過，在千頭萬緒中，仍可以理出一些做人處事的法則。掌握住「法則」，人生將會過得自由自在。

「做人處事法則」四點建議：

第九、從謙和中友愛尊重：與人相處要謙虛和藹；做事要有生氣，處人要有和氣。法國思想家盧梭說：「偉大的人絕不會濫用他們的優點，他們看出他們超過別人的地方，並且意識到這一點，然而絕不會因此就不謙虛。他們的過人之處愈多，他們愈認識到他們的不足。」因此，一個人即使在聰明才智、經濟能力等占了優勢，也要懂得謙和，慚愧自己仍有所不知、有所不能，如此對人友愛尊重，別人同樣會尊重你。

第十、從信仰中發覺自我：人應該要有信仰，好比對自己人格的信仰、對道德的信仰、對原則的信仰，甚至對某某主義的信仰、對學術思想的信仰、對宗教的信仰等。不論你的信仰是什麼，都要能建立正知正見；不管你的信仰是什麼，都要能發覺自我，發覺自我本性裡的尊嚴、本性裡的寶藏、本性裡的般若智慧。

第十一、從平和中進取奮發：世間凡事「以和為貴」，所謂「和」，並不是整日無所事事，終日閒蕩，與世無爭。「和」有積極的意義；人要以「平和」為基礎，進而從平和中進取奮發，那麼所做所為就不會違背良心，也不會為是是非非所干擾了。

第十二、從威儀中端嚴禮敬：佛教講「三千威儀，八萬細行。」威儀不但能夠收攝修道人的身心，也是一種無言的身教，然而唯有注重內在的修養，才能永久有莊嚴形象。有威儀，一舉手一投足都是智慧的展現，自然就會受到眾人的尊敬了。

人的一生，無非是一場人和事的互動關係。與人相處不可以放任自己的想法，要洞悉人之常情；處事不可以執著自己的見解，應該明白事之常理。原則拿捏得當，生活將會充滿歡喜和愜意。再提供「做人處事法則」四點，作為參考：

- 第九、從謙和中友愛尊重。
- 第十、從信仰中發覺自我。
- 第十一、從平和中進取奮發。
- 第十二、從威儀中端嚴禮敬。

輪轉相繼

由某個點開始，繞著地球往前走，最後會回到原點；一顆種子種下去，從發芽生長到開花結果，又會產生另一顆種子；每年四季二十四節氣，像一條圓形的鍊子，環環相扣，過了一輪又重頭開始；時鐘滴滴答答，分秒向前也是周而復始。世間的一切像個輪子在運轉，生生不息。輪轉相繼有四點：

第一、時間輪轉，日夜相繼：太陽在西半球落下，又在東半球升起，日夜東西交替，一樣的二十四小時，白天過完接黑夜，黑夜之後必是黎明。雖然每個人在不同地方生活，白天大家各自奮發圖強，到了晚上要補充體力，就得休息、睡覺。宇宙萬象、人類生活如此循環，動物、植物也都是一樣；歲歲年年，相繼輪轉，不曾停息。

第二、心念輪轉，善惡相繼：有人說人心如海底針，無法捉摸，或如心猿意馬，跳躍不已，或說翻臉像翻書，快速變化。種種的形容，都是說明心念的轉變迅速，一下歡喜，轉眼又傷心，快樂時如天堂，痛苦時像地獄，心念就在善惡之間輪轉相繼。不過，無論是喜怒哀樂，日子都要過，何妨多一點善念，讓生活多一點歡樂。

第三、命運輪轉，好壞相繼：命運走到最高峰，就要準備下坡了，風帆順利過後，往往會遇到興風作浪。但也不必太悲傷，因為物極必反，命運走到谷底時候，也就是否極泰來之時，好運與壞運總是輪流參雜的。對於命運好壞，要能泰然接受，好運當頭要珍惜感恩，壞運正行則潛心進修，準備下一次好運來時，重新再出發。

第四、生命輪轉，代代相繼：幾十萬年前，地球上就有人類的足跡，從原始的生活，慢慢進化到現代的高科技社會。世界各國的歷史，一代一代相傳，如中國從黃帝、夏、商、周，興衰交替，一直到今天，人類的生命代代相傳，前輩不忘提攜後輩，年輕人接替長者，讓智慧、經驗不斷的傳承下去，生命就能源遠流傳千古。

眾生有生老病死，在六道裡輪迴；情緒有喜怒哀樂，在生活中輪轉。看清世間真相，任何現象不過是一種循環，不留心的人，可能渾沌一生，滿腹怨尤，有智慧的人，則能清醒明白，悠然自在。相繼輪轉有四點：

第一、時間輪轉，日夜相繼。

第二、心念輪轉，善惡相繼。

第三、命運輪轉，好壞相繼。

第四、生命輪轉，代代相繼。

對機能和

人生相逢即是有緣，人與人在一起，能夠投緣固然很好，不能彼此相應契合，也要懂得應機以對。懂得「對機」即「能和」，有四點說明：

第一、遇剛直之人耐他銳氣：有一種人，剛而正直，講話毫無顧忌，絲毫不給人留一點顏面，想到就說，見到你有一點錯誤，他就直接給你指責。當你遇到這種剛直的人，怎麼辦？你要忍耐！耐他的銳氣。因為剛直的人很銳利，你能耐他的銳氣，不必跟他一樣剛直，而能用平和、緩慢、安然、柔軟的態度對他，自然能消減他的銳氣。

第二、遇浮華之人耐他妄氣：有時候遇到一種言行虛浮的人，講話誇大而不實，做事也不務實際，無論什麼都是虛晃一招，浮而不實。遇上這種人，你要耐他的妄氣，不必擺明去指正他，也不必點明他、說破他！只要你能言行莊重，誠懇待人，自然能消弭他的虛妄之氣。

第三、遇敦厚之人耐他憨氣：有的人很敦厚，敦厚得過分，成為憨直。對於這種過分老實的憨厚人，你要忍耐他的憨直，不必用你的聰明來譏諷他、恥笑他，甚至你能幫助他，讓他發揮憨厚的本性，未必不可造就。能夠如此，也可見出你的敦厚。

第四、遇傲慢之人耐他浮氣：有時候我們遇到一些傲慢的人，喜歡擺架子，故作姿態，昂昂乎，巍巍乎，一幅不可一世的樣子。實際上這種人並沒有什麼了不起，他只是怕別人看不起他，因此才要戴上傲慢的假面具。對於這種傲慢的人，我們要忍耐他，不必指出他的弱點，也不要派他的不是，如此只有彼此傷感情。只要你能虛懷若谷的包容他，真心的對待他，日久自能感化他，自會卸下偽裝的面具。

藥無貴賤，對症者良；法無尊卑，應機者妙；人無良窳，對機能和。人，沒有絕對的好壞、賢愚，只要能取其長而容其短，則人人都是可用之才。

所以「對機能和」有四點：

第一、遇剛直之人耐他銳氣。

第二、遇浮華之人耐他妄氣。

第三、遇敦厚之人耐他憨氣。

第四、遇傲慢之人耐他浮氣。

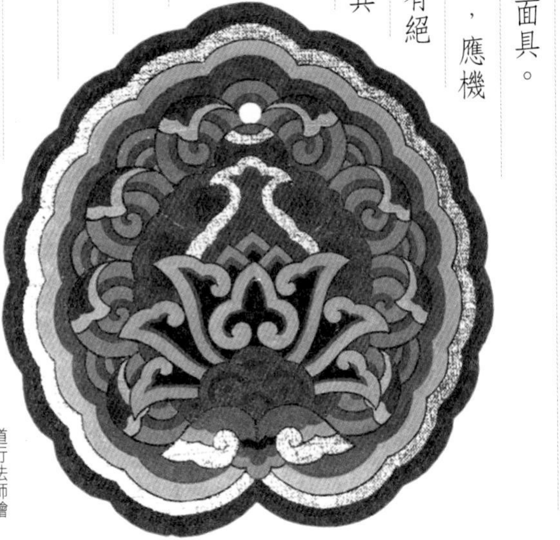

道行法師繪

天地皆是文章

唐朝詩人李白說：「大塊假我以文章。」信手拈來，無不是他撰寫文章的好題材。身處天地之間，我們也要時時讓自己的身心走出家庭、走出團體，走到大自然，接觸大自然，寬大心胸，從大自然無數的內容裡，體會學習之道，提煉文章教材。如何觀察？有以下四點意見提供：

第一、觀晚霞悟其無常：晚霞如詩如畫，美得讓人心醉。觀晚霞綺麗多變，卻如白駒過隙，稍縱即逝。假如能從「夕陽無限好，只是近黃昏」中，悟到無常，你就曉得要求自己不斷的改變進步；你能悟到無常，就知道一切因緣不等待、不停留。好比哲人有言，人永遠無法站在同一條河流的岸邊，只有催促自己把握因緣，邁開腳步，不斷往前走出去，才能積極開創未來。

第二、觀白雲悟其捲舒：天上悠遊的白雲，有厚的、有薄的；它像鳥、像花，隨意變化各式各樣形態，多超然、多自由。觀看白雲舒捲自如，因為「雲無心以出岫」。面對生活的每個當下，你能體會白雲的任意飛舞，逍遙自在，學習白雲的舒捲自如，飄逸灑脫，不再為周遭的芝麻小事，計較掛心，我們便能隨緣放曠，隨遇而安了！

第三、觀山岳悟其靈奇：看山岳，高低不同；觀奇峰，崎嶇不平，你能感受它縱橫起伏的壯美，領悟它靈秀挺拔的氣概嗎？蘇東坡瀏覽廬山時寫下：「橫看成嶺側成峰，遠近高低各不同，不識廬山真面目，只緣身在此山中。」近看嶙峋，遠眺巍峨，遠近不同；正觀高拔，側看蜿蜒，每看各異。對應世間，從什麼角度看待事物，自然也會有什麼風光呈現。假如你能從靜觀山岳，看出它靈奇偉岸，心中一定也能擁有恢弘的氣度。

第四、觀河海悟其浩瀚：目光如豆，只會讓生命變得狹隘；眼光短淺，只會讓生活變得窄迫。生命必須含藏包容，才能獲得寬闊；生活要能縱橫發展，才能獲得生機。你看，水碧連天，海天一色，海的無邊無涯，多具包容性。你觀河海廣闊，那種洶湧奔騰、浩瀚無垠，不正能擴大我們的心胸嗎？能像河海一樣，在世間上，又怎會不寬容？還有什麼值得我們斤斤計較的呢？

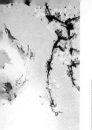

徐志摩曾說，想要醫治生活的枯窘，「只要不完全遺忘自然，一張清淡的藥方，我們的病象，就有緩和的希望。」「在青草裡打幾個滾，到海水裡洗幾次浴，到高處去看幾次朝霞與晚照，你肩背上負擔就會輕鬆了。」身處都市

歐豪年繪

樊籠的現代人，身心如何獲得抒發？只要走出去，走到大自然，就是滌淨心靈的良藥。

無怪乎，古代詩人文豪，多愛以大自然為題，縱情期間，自我排遣。所謂「文章是案頭之山水，山水是地上之文章。」故說天地之間，皆是啟發心靈的文章，造就人生的練達。

- 第一、觀晚霞悟其無常。
- 第二、觀白雲悟其捲舒。
- 第三、觀山岳悟其靈奇。
- 第四、觀河海悟其浩瀚。

享有的世界

世間的人喜歡擁有權利、名譽、地位、富貴……，卻也深受其累，受到束縛。有時，「享有」的世界比「擁有」的人生更寬廣。你看，山河大地、花草樹木，雖然不是我的，但可以遨遊其間，欣賞景致；企業雖不是我創辦，但它為社會國家帶來興隆，我也跟著受到利益，沾光沾光；別人有學問，可以跟他參學，自己不會演講，別人上台，可以聆聽，其樂也融融。世界上什麼是我的？只要心裡能容納，大千世界都是我的。什麼是享有的世界呢？有以下四點：

第一、享有世界的科技文明：講求時效的現代，舉世人類廣泛應用衛星、電腦、網路等文明科技，使得人力更為節省，資訊更為發達。像飛機運輸，讓我們周遊列國，天涯若比鄰；大眾傳媒、電話、e-mail，全天通訊，全球無礙，好比「秀才不出門，能知天下事」；其他水利、電力等，更是生活所需，讓我們享受科技文明帶來的便利。

第二、享有社會的因緣成就：人不能單獨生存在這世界上，必須有眾緣具足才能生活。從父母生養、師長教育、農工商賈提供衣食住行所需，社會醫療保健，乃至國家政經穩定等等，我們享有社會這麼多的因緣，才有生存發展的空間。因此，做人要感謝因緣，學習「前人種樹，後人乘涼」的精神，懂得回饋，讓好因好緣繼續不斷。

第三、享有大眾的互信互助：現在的世界像一個地球村，國與國、人與人之間訊息傳遞快速，彼此影響深遠，好比有人說：「紐約打噴嚏，全球重感冒」，又如「歐美貿易衝突，撼動全球經濟體制」，彼此關係如此密切，往來頻繁，我們才能享有這些文化藝術、學術教育、經濟商業、醫療環保、政治交流等等互信互賴的成果。

第四、享有自我的犧牲奉獻：犧牲像播種，一分耕耘，就有一分收穫；犧牲看起來是吃虧、是受苦、為別人，其實所謂「功不唐捐」，犧牲不

歐豪年繪

是為別人，而是為自己。你用血汗灌溉，用智慧耕耘，付出金錢、力量、服務，別人為此獲得健康、快樂、平安，你得到的功德，不正是享受嗎？因此，最有價值的人生，就是享有自我犧牲奉獻。所謂犧牲享受，享受犧牲，能夠付出的人，是最快樂的人。

在這個世間上，我們不可能樣樣東西都擁有，但是我們可以有「享有」的心，世間的一切，只要你享有它，你就擁有了萬事萬物。「享有的世界」有四點：

第一、享有世界的科技文明。

第二、享有社會的因緣成就。

第三、享有大眾的互信互助。

第四、享有自我的犧牲奉獻。

有限的世界

世間上，一個人的錢財有限，財富用完就沒有了；一個人的能力也是有限，必須靠團結合作，才能成就大事；而一個人肉體的生命更是有限，為什麼？以下四點說明：

第一、兩個眼睛所見有限：佛教唯識學說「眼識九緣生」，眼睛要能識別外境，必需具足九種條件，例如要有光明、空間距離、對應的物體等。因此，眼睛所見有限，隔物看不見、黑暗看不見、太遠、太近都看不清楚。科學家研究微生物學，還需要藉由顯微鏡；觀看星體，必須使用望遠鏡。所以，人類的視野有限，不如以開放的心眼來破除肉眼的局限，好比雙眼不能只是看到別人的錯誤，而要往內心觀看，發覺自己的不足。

第二、兩隻手掌所做有限：有人說「雙手萬能」，手很靈巧，能做許多事。但是有時候一雙手仍嫌不足，需要靠大家合力完成。因此發明家發明替代雙手的工具，如織布工廠，用針車代替手工一件一件織衣；搬運重物，用起重機代替雙手提搬。又好比拔河需要眾手拉動繩子，划船要借眾力才能前進，雙手能做的事到底有限，所以更顯「集體創作」的重要了。

第三、兩個耳朵聽聞有限：距離太遠或聲音太小，耳朵都無法接收到訊息，因此兩個耳朵聽聞有限。然而觀世音菩薩耳根圓通，內觀自心，外觀眾生，透過「心耳」，聽聞世間音聲循聲救苦；假如一般人懂得反觀自省，處處關心別人，聽實話而不聽是非，聽善語而不聽惡言，聽佛法而不聽雜話，聽真理而不聽閒言，也就能做到傾聽心內音聲的功夫。因此，耳朵聽聞有限，能用心，才能聽到言外之音。

第四、兩隻腳步所到有限：世界之大，單憑雙腳是永遠走不完的。就是今天科學發展已進入太空時代，人類登陸月球，宇宙之間，卻還有千百億的星球，是我們還無法到達。雖然外在的腳步有限，但是開發內心，卻能引導我們遨遊在無限廣闊的世界；提升心境，就能漫步在美妙的風光裡。

在有限的世間裡，眼、耳、鼻、舌、身、意的功能也有限；面對無限的時空，人類實在渺乎其渺。所以我們要以有限的生命追求無限的永恆，不在小小的人我是非上計較，浪費人生。四點「有限的世界」值得深思。

- 第一、兩個眼睛所見有限。
- 第二、兩隻手掌所做有限。
- 第三、兩個耳朵聽聞有限。
- 第四、兩隻腳步所到有限。

如何受用

茶杯能裝得進東西，才能發揮物用；人能聽得進忠言規勸，才能進德，才堪大用。凡事接受以後，才能產生力用；拒收，永遠進不了心田，如何受用？許多人的一生，就是因為聽了一句佛法，一句格言，而一生受用無窮，甚至自受用外，還能他受用。所以一個人不管動靜閒忙，要能時時虛懷若谷，要像容器一樣，處處接受；接受才能成為自己的營養，才能受用，千萬不能像絕緣體一樣，凡事排斥，則永遠無法受用。

如何受用？在《菜根譚》裡有四點意見，值得我們參考：

第一、閒中不空過，忙處有受用：一個人的成功，固然要在重要時刻一股作氣，發揮實力，始能克竟其功；其實平時的養深積厚、培養因緣，更是功不可沒。所以，平日閒暇的時候，切莫放逸閒散；當生活清閒時，要計畫它，要懂得把握時機，讓自己沉潛、蘊釀。自古「聖人韜光，賢人遯世」，正是因為他們懂得韜光養晦，以待因緣。所以「閒中不空過，忙處有受用」；平時蓄積力量，自可蓄勢待發。

第二、隱中不欺心，明處有受用：現在是個講究「透明化」的時代，凡事要能禁得起別人的檢視，要公開、公平、公正，要能攤在陽光下，表示沒有見不得人的事，所以有「陽光法案」。其實古聖先賢早有「君子不欺暗室」之教，所謂小人閒居為不善，無所不至，所以只要是君子，必須慎其獨，要時時刻刻都有如「十目所視，十手所指」般的自我約束、自我警惕。一個人能有「書有未曾經我讀，事無不可對人言」的坦蕩胸懷，養成習慣以後，處在任何時刻、任何場合，都能光明磊落，表裡如一，自然

受人尊敬。所以隱中不欺心，自然明處有受用。

第三、靜中不妄動，動處有受用：「動中乾坤大，靜裡日月長」，人的生活有動的一面，也有靜的一面。當動的時候，要讓自己活躍起來，充滿朝氣活力，要與社會大眾融成一片，才能有發展；當靜的時候，也要懂得享受寧靜安祥、輕鬆自在的獨處之樂。所謂「靜中不妄動，動處有受用」，懂得在靜中涵養實力，才能隨時再出發。所以人生要能動能靜，能夠動靜一如，這是最好的生活態度。

第四、迷中不執著，悟處有受用：人在迷惑的時候，往往會有許多的煩惱，許多的心結打不開，通常都是因為自己鑽牛角尖，自己固執己見，聽不進別人的逆耳忠言所致。所以當你覺得不順利，當你有了煩惱的時候，不管如何迷惑、愚癡、邪見，只要不執著，就有辦法化解。所謂「窮則變，變則通」，能夠不斷尋求解決之道，就會有所覺悟，有了覺悟就會有受用，此即「迷中不執著，悟中有受用。」

佛教講開悟，有頓悟與漸悟之分；即使是頓悟也要從漸修而來。所以在學習過程中，能否不斷進步，端視自己用心。能夠處處用心，時時虛心；小處不放過，點滴累積，一旦功夫純熟自能受用。「如何受用」有四點：

第一、閒中不空過，忙處有受用。

第二、隱中不欺心，明處有受用。

第三、靜中不妄動，動處有受用。

第四、迷中不執著，悟處有受用。

根源

無根之木，難成長；無源之水，難長流。木有本，水有源，我們無論做什麼事，總要講究「根源」。有四點意見提供：

第一、閒暇出於精勤：人生無論是修行、工作，都要有適度的閒暇時間，但是閒暇必須出於精勤之後。例如，一個星期工作了五天，到了周末度假去，假期會令人期待；一日辛勞之後，到了晚上更能體會放下休息的美好。如果沒有精勤，閒暇顯不出悠然的心情；沒有精勤，閒暇也就沒有它的價值。因此，真正的閒暇，要出於精勤工作之後。

第二、安然出於敬畏：生活中，你感覺安然舒適嗎？只要你對朋友、長輩、社會、國家，都能心存敬畏，自能感覺安然。如果你不顧人言閒語，也不顧行為後果，放縱自己，放浪不拘，怎麼能安然適意呢？所謂「心有敬畏，何畏於外境的干擾」？你有敬畏之心，才能安然自處，所以說「安然出於敬畏」。

第三、無過出於能慮：「人無遠慮，必有近憂」。人生處世，要想無過，除了平日行事要慎思熟慮，考慮周詳，以免掛一漏萬；尤其不能目光短淺，凡事要看得遠、想得透，不可只圖眼前小利，明知非法，還是心存僥倖。須知凡事皆有因果，種什麼因，必得什麼果；所謂「菩薩畏因，眾生畏果」，如果人人都能慎防於因，凡事都能慮及未來，自然能遠過而保平安無事。

第四、大膽出於細心：胡適之先生說：「大膽的假設，小心的求證。」無論治學立業也是如此。你可以大膽假設，海闊天空，沒有設限地自由發揮，但先決條件也要出於細心縝密計畫。好比探勘者尋找新能源，探險家攀越高山海域，你沒有仔細收羅相關資訊，做好相關準備，貿然大膽前進，匹夫之勇的結果，終難達到目的。

總說以上四點，可以看出，枝芽要抽得新綠，得出於嚴冬考驗；荷花要出落亭亭，根源也得長在污泥。表演要出神入化，也需要不斷的練習；書法要自出一格，也要用心努力。

人生無論做人處世、讀書工作，這四種根源，提供吾人參考。

第一、閒暇出於精勤。

第二、安然出於敬畏。

第三、無過出於能慮。

第四、大膽出於細心。

投入的大用

佛教講「專注一境」、「照顧腳下」、「活在當下」就是一種投入。投入是高度的注意力，可以提高事情本身完美的程度，不致漏洞百出。各行各業都要投入，工作要投入，進退往來要投入；讀書也要投入，做筆記要投入，思考要投入。時時刻刻都要投入，投入才能獲得智慧的開展。

「投入」的大用有四點：

第一、可以學習出人我巧妙來：一個人對於學習要投入，學習做人，就要學會彼此互動的分寸；學習做事，就要學得最有效率的做事方法。俗諺說：「戲法人人會變，巧妙各有不同。」同樣是學習做人，為什麼有的人能互動愉快，有的人卻頻生口角；同樣是學習做事，為什麼有的人進度神速，有的人卻明顯進度落後，問題就出在他的學習是否夠投入了。唯有投入才能提煉出箇中的巧妙，一切應變合宜。

第二、可以服務出人我歡喜來：社會上有很多的義工，不計酬勞奉獻心力、體力為大眾服務，為社會帶來光明溫暖。許多人在自己的本業上，附加服務的價值，讓原本一板一眼的工作，更增添幾分的色彩。商店中，施予顧客親切的態度、問候，滿足所需，這是商店的服務；醫院裡，給予病人安心的環境、話語，化解病苦，這是醫療的服務。凡事以服務為出發點，不以利益為優先考量，自能從投入服務中得到歡喜。

第三、可以相處出人我尊重來：有的人生性勇敢，有的人性格柔弱；有的人理性冷靜，有的人卻是性情中人。人我相處要投入，投入對方的個性、對方的想法、對方的立場、對方的背景，才能站在互相了解的認知上彼此尊重。夫妻離婚、兄弟鬩牆、朋友反目、處眾不和，都是因為彼此不能諒解、不能尊重。只有肯在人我相處上多用心投入的人，才能體會「尊重」是人我相處之道。

第四、可以體會出人我無間來：「體會」就是一種投入。古哲先賢體會的智慧法語，為後人指出一條為人處世、解脫真理的道路；作家用心投入，體會人與自然一體，展現「大塊假我以文章」的意境，這就是投入。投入，會體會出無自、無他、無怨親對待的「慈悲觀」；投入，會體會出無私、無欲、無利害得失的「平等觀」；投入，會體會出無彼、無此、無人我差別的「緣起觀」。

如何投入？有興趣就能投入，有歡喜就能投入，有責任感就能投入，有誠信就能投入。投入會心甘情願；投入會無有怨悔。「投入」的大用有四：

第一、可以學習出人我巧妙來。

第二、可以服務出人我歡喜來。

第三、可以相處出人我尊重來。

第四、可以體會出人我無間來。

趙少昂繪

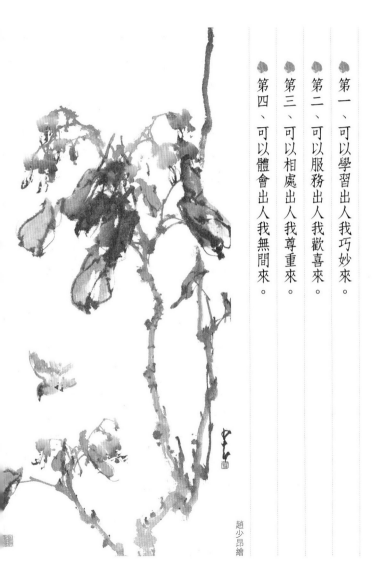

業感自招

經云：「業不重，不生娑婆。」人到世間上做人，除了倒駕慈航的菩薩是乘願再來以外，凡人莫不是因業力而降生人間。甚至同樣是人，彼此也有高矮胖瘦、貧富貴賤、智愚美醜等差別，這都是業力不同所致。業，不是別人所左右，業乃自己身口意造作的結果，所以一個人造什麼業，就感什麼果，一切都是自業自受，此即「業感自招」，有四點說明：

第一、富貴由於喜捨心：榮華富貴人所追求；但富貴並非求來的，而是捨來的。所謂「捨得」，一個人肯得布施喜捨，就像農夫種田一樣，有播種才有收成。所以欲得富貴必先歡喜布施，有了喜捨的因才能獲得富貴的果。

第二、得失由於無常心：人常常容易「患得患失」，其實得失是自然的現象，因為世間無常，一切都在不斷的變異生滅之中，因此人有生老病死，心有生住異滅，世間有成住壞空。欲得世界不變，這是不可能的；要想擁有的東西永遠常在，也是妄想。所以得失是由於無常，了解無常的道理，就可去除得失心，人生便得自在。

第三、貪瞋由於邪見心：一般人對世間上的財色名食睡、色聲香味觸法等「五欲六塵」，總是作種種的貪求，一旦求不得，便起瞋心，這是一種邪見。例如愛一個人，這是貪心，得不到對方的愛，便起瞋心，甚至「愛之欲其生，惡之就欲其死。」這種貪心、瞋恨，都是因為邪見所起，因為邪見，所以人間才會有「怨憎會」等種種的苦。

第四、迷戀由於愚癡心：有時候我們迷戀於聲色，迷戀於金錢，迷戀於外境，因此被聲色、金錢、外境所束縛，這都是愚癡所致。因為愚癡不懂因果道理，不知節制欲望，只是一心迷戀、追求，所以人生的疾病，多是由於愚癡不明理所生起。「因果十來偈」說：「端正者忍辱中來，貧窮者慳貪中來；高位者禮拜中來，下賤者驕慢中來；瘖啞者誹謗中來，盲聾者不信中來；長壽者慈悲中來，短命者殺生中來；諸根不具者破戒中來，六根具足者持戒中來。」從這首偈語知道，人間的貧富貴賤、生命的長壽夭亡、容貌的端正醜陋，都是有因有果，並非憑空碰運氣而來，也不是第三者所能操縱，而是取決於自己行為的結果。所以「業感自招」有四點：

第一、富貴由於喜捨心。

第二、得失由於無常心。

第三、貪瞋由於邪見心。

第四、迷戀由於愚癡心。

莫字訣

孔子云：「為政以德，常懷律己之心。」人要有自律的意識，才能自重、自省，才會清廉、守法。所以，為人要時時警誡自己，莫存非分之想、莫作無益之事、莫說虛妄之言、莫交不義之人。「莫字訣」四點說明如下：

第一、非分之想莫起：蘇東坡的《前赤壁賦》云：「禍難生於邪心，邪心誘於可欲。且夫天地之間，物各有主。苟非吾之所有，雖一毫而莫取。」不是我們本分應該擁有的，毫芥不取，不是我們能力所及的，也不必生起圖謀妄想，因為有了非分之想，就會有非法之行。如《韓非子》說：「邪心勝，則事經絕；事經絕，則禍難生。」所以不該是我們所應得

孫家勤繪（局部）

的，千萬莫存非分之想。

第二、無益之事莫作：做人做事，要做有益之事，對自己沒有利益、對家庭沒有利益、對社會沒有利益、對國家沒有利益的事，都不應該去做。所謂「平生莫作皺眉事，世上應無切齒人」。你做了傷害他人的事，不但別人不會放過你，自己的良心也過不去，所以無益的事不可以做。人如果聰明的話，就應該知道，做人做事，要做對自他有益的事，沒有利益的事不能妄為。

第三、虛妄之言莫說：說話，莫說虛妄、不真實的話。虛妄不實的謊言可以騙人一時，但不能維持長久。如果你經常用謊話騙人，騙慣了總有一天會被人拆穿。等到別人知道你平常所說的語言都是謊話，別人再也不會信任你；你的信用一旦破產，自然會被人看輕，自然不受人尊敬。尤其一個人說了謊話，莫不害怕被人拆穿，這種內心所受的煎熬，只有自己自作自受。所以，做人莫說虛妄之言，要說真實的語言才可貴。

第四、不義之人莫交：人在世間上一定要交朋友，什麼樣的朋友才值得交往呢？所謂友直、友諒、友多聞。我們所交的朋友要耿直，要有寬宏的心，要具備豐富的知識與學問；反之，不講情義、不講道德、不講慈悲、不講人格的朋友，不能交往，否則如墨子說：「交友之道，猶素之白也；染以朱則赤、染以藍則青。」孔子也有所謂「益者三友，損者三友。」所以交朋友，其人品如何，不能不注意。

在日常生活中，舉凡起心動念，所言所行，都要自我謹慎防患，常常提起「莫字訣」，才能自我淨化，進而淨化社會。

「莫字訣」有以下四點：

第一、非分之想莫起。

第二、無益之事莫作。

第三、虛妄之言莫說。

第四、不義之人莫交。

不動之妙

在佛門裡面常講「如如不動」，佛菩薩聖像裡也有「不動明王」、或「不動尊」，而人人所知的地藏菩薩，就是「安忍不動，猶如大地；靜慮深密，猶如秘藏」的意思。確實，不動是妙不可言的，我們能做到身心都不急促，不妄動，就是安身立命的妙方。

這裡有四點意見：

第一、喜怒不動身安泰：每天二六時中，歡喜的事來了，生氣的事來了，面對這些喜怒哀樂的境界，都能不為所動，我就能身心安泰，日子也就很好過。因為，你講我好，我未必好；你講我壞，我也未必壞，能夠如此「毀譽不動於心」，可謂參透人生；能夠做到「喜怒不形於色」，則是修養到家了。

第二、好壞不動法界寬：人生在世，好的境界、壞的境界，不會沒有遇到的。甚至好人、壞人，也都會讓我們碰上。吃虧時，我不動之於口；施人之恩時，也不必發之於言；乃至面對貧賤不動於心，我就能淡泊明志；面對炎涼不激於氣，我則能寧靜致遠。無論好壞，都不會為這境界所障礙，那麼，這法界就能任我遨遊。

第三、得失不動心自在：生活之中，有時候會有所得，有時候也有所失。比方投資股票，看到漲停板，心生歡喜；遇到跌停板，傷心失意。在這得失之間，如果能夠體會到得了一定會失，失了也不必怕，還會有再起來的時候。能得失不動，一顆心就不會七上八下，自能自在灑脫。

第四、稱毀不動佛國現：人家稱讚我，人家毀謗我，我都能不動心，所謂「利、衰、毀、譽、稱、譏、苦、樂」，真正「八風吹不動」時，我才能「端坐紫金蓮」。寒山問拾得說：「世人穢我、欺我、辱我、輕我、賤我、惡我、騙我，我應該怎麼辦呢？」拾得回答道：「那只有忍他、由

孫家勤繪

他、避他、耐他、敬他、不要理他，過幾年你且看他！」到了這個時候，那真是安詳的佛國淨土。

佛陀在印度菩提樹下發願，若不開悟，誓不起動，六年不動，終於睹星悟道；菩提達摩在嵩山少林寺面壁九年，長坐不動，慧可仰慕高風，斷臂求法，而開後來禪宗一脈。

所謂「安之若素，不為所動」，這「不動之妙」，若親身實踐，可以會得。

第一、喜怒不動身安泰。

第二、好壞不動法界寬。

第三、得失不動心自在。

第四、稱毀不動佛國現。

天堂的樣子

宗教界都說有天堂，天堂很美好，佛經中描述忉利天宮：「廣長四十萬里，皆以七寶作，七重欄楯交露，樹木周匝圍遶，園觀浴池，種種飛鳥相和而鳴，種種樹葉華實，出種種香。」《聖經．啟示錄》中的天堂是用碧玉牆、珍珠門和黃金街來裝飾。有些人說，沒有人見過天堂，如何確定有天堂？的確是有天堂的，天堂不一定在遙遠的天宮，天堂也在人間：

第一、心中無事就是天堂的花香：尋常人是「人生不滿百，常懷千歲憂」，心中鬱積難消，難得真正暢快一時。無門禪師卻勸人：「春有百花秋有月，夏有涼風冬有雪，若無閒事掛心頭，便是人間好時節。」你心中若無雜念閒事，不憂不愁，自然滿面春風，渾身散發從容的氣質，那就是你心中天堂的花在散播著芬芳。

第二、讚歎妙語就是天堂的音樂：天堂裡天樂動聽悅耳，令聽聞者飄飄欲仙。在人間，讚美、祝福、鼓勵、幽默的話，每一個人都喜歡聽，這些好話比音樂好聽，它們是最優雅的天籟，讓人受用無窮，歡喜無邊，雖在人間猶處天堂。如果我們時常讚歎別人，說祝福、鼓勵的話，也能讓周遭的人都感受到天堂的音樂和鳴。

第三、尊重包容就是天堂的光明：一般人都喜歡光明，不喜歡陰暗闃黑，白天喜歡陽光普照，晚上喜歡月光清亮。沒有自然的光線時，古代用火把、油燭照明，現在更是到處燈火通明。天堂任何時候都是光明而沒有黑暗，天堂的光明是以尊重包容、互敬互愛所形成的，就像西方極樂世界是「諸上善人聚會一處」，處處充滿和諧、尊重與包容。如果我們也能相互尊重包容，世間即刻成就天堂的光明。

第四、少瞋少貪就是天堂的現前：世間為什麼稱為娑婆世界？娑婆意為「堪忍」，即是要我們忍耐自己和別人的貪心、瞋心與愚癡。天堂裡沒有太多的貪欲，也沒有太多的瞋恨，智慧也比人間高一些。假如我們為人處事不貪心，沒有太多的欲望和嫉妒、瞋恨，即刻就可以體會天堂的生活了。「佛在靈山莫遠求」，天堂也不必遠求，每個人都可以自己來造一個天堂。

第一、心中無事就是天堂的花香。

第二、讚歎妙語就是天堂的音樂。

第三、尊重包容就是天堂的光明。

第四、少瞋少貪就是天堂的現前。

鬼在那裡

常有人問：「世間有沒有鬼？」佛教的六道輪迴中，確實有鬼道眾生。鬼可不可怕？有時候太太膩稱丈夫為「死鬼」，兒女為「小鬼」，可見，鬼不可怕，反倒很可愛呢！鬼會不會害人？鬼有鬼的世界，應該與人沒有關係。一旦有關係，必是自己心裡有鬼，那就很麻煩。好賭錢的人稱為賭鬼；好喝酒的人是酒鬼，貪色的人稱色鬼，貪錢的人是錢鬼。嗜什麼成性就成什麼鬼。因此，可怕的是我們心裡與精神上的鬼。鬼在那裡？鬼在心裡：

第一、疑心生暗鬼：有疑心者，一有不順遂，就懷疑地理不好，一年到頭不是搬家，就是移方位，住不安心。疑心別人暗藏禍心，終日惴惴不安，處眾不和諧。疑心自己的健康有問題，看到醫療常識的疾病徵兆，就自覺一一吻合，心神不寧，都是疑心生暗鬼。

第二、瞋心羅剎鬼：古德說：「一念瞋心起，百萬障門開。」瞋恨心起理性就隱蔽，全由情緒作主。看到瞋恨的事、人或物，面露兇相，口出惡言甚至大動干戈。瞋恚如毒火，燒毀功德林，瞋恨如羅剎惡鬼，損人不利己。

第三、癡心如餓鬼：愚癡的心，執著身體、親人、財富、地位、名利……什麼都要。不知要注重性靈的修養，不知趨善避惡，改往修來，只知沉溺在爭取擁有，等到臨終的剎那，才了悟自己一無所有。就像餓鬼一樣，飢不擇食，奪取再多的食物，臨入口，卻連一小口也無法食用。

第四、貪心是魍魎：對於凡人而言，貪心是無所不在的習氣。貪不只是指對外在的境界物質貪得無厭，對於自己的愛好、個性堅持不放，也是一種貪。貪，就如同魑魅魍魎，木石精怪，雖然見不著，摸不著，卻又如影隨形，隨時隨地，障礙學道修行。

第五、慢心大頭鬼：佛經說「我慢如高山」，傲慢的人自以為了不起，無德妄稱有德，睥睨他人以自高，凌辱他人以自傲，這種矜誇無實的人，真是大頭鬼。鬼道有鬼道的世界，人鬼殊途，鬼不會來妨礙人的。我們應該修行、學道，把心中的鬼去除，不要有貪、瞋、癡、慢、疑。如果能去除心中邪魔，就沒有鬼來相擾了。所以，鬼在那裡？五鬼在心裡：

- 第一、疑心生暗鬼。
- 第二、瞋心羅剎鬼。
- 第三、癡心如餓鬼。
- 第四、貪心是魍魎。
- 第五、慢心大頭鬼。

七月的意義

受道教中元普度開鬼門的想法影響，一般人認為「七月」是諸事不宜、不吉祥的月份。在佛門裡，七月十五日卻是「佛歡喜日」，這是源於佛世時，每年雨季來臨，僧眾不外出托缽，精進用功，稱為結夏安居。經過三個月，在七月十五日圓滿這天，所有僧眾向佛陀報告修行體悟，佛陀非常歡喜，因此稱「佛歡喜日」。此外，在這個月中，信徒發心布施供養、法師應供、民間祭祀祖先、感恩父母。七月的意義很多，以下四點說明：

第一、七月是僧伽自恣月：《四分律》載：「解夏之日，僧眾集會，自恣懺悔以得清淨，故為僧自恣日。」佛世時，僧眾在每年四月到七月雨季時期結夏安居，專心修持，觀照身心，清淨身口意三業，這是養深積厚、自我沉潛修行的時期。

第二、七月是發心功德月：經云：「僧如大地，能長養一切善法功德。」出家眾仰仗修行，進德修業；在家信眾以供僧功德，福慧增長。也由於信徒布施道糧，供養有道、有學的出家人，讓他們沒有物資的缺乏，而能積極弘法利生，將佛法遍布世間，居士於此因緣供僧，可謂護法護教的菩薩行。

第三、七月是報恩孝道月：《盂蘭盆經》記載，目犍連尊者為了救度母親脫離餓鬼之苦，經佛陀教示，在僧自恣日設齋供僧，以此功德回施母親，脫離三途之苦，始有盂蘭盆會。在家信眾以妙味飲食供養三寶，不但現世父母福樂享年，乃至能蒙無量功德，得救七世父母。因此每年七月，寺院循例舉行盂蘭盆會，以追思父母及歷代宗親，令現世者增福延壽，往生者超生淨土。

第四、七月是生亡普度月：「普度」，即普施餓鬼諸種飲食。佛經記載，阿難尊者一夜在靜處思惟，焰口惡鬼來告訴阿難，三日後即將命終，墮餓鬼道。阿難大為驚怖，趕忙到佛陀座前祈求救度，佛陀教示，若能布

施飲食予恆河沙數餓鬼等，非但不落此道，而且能延年益壽，遇事吉祥。因此，在七月普度歷代祖先同時，擴而普施有情，為其說法、皈依、受戒，不再造業受苦，生亡兩利，成就菩提。

七月是一個善美的月份，佛門講「日日是好日，月月是好月」，在七月發心供僧，修諸福德，慎終追遠，感念親恩，這些不都是很美好嗎？甚至國際佛光會提倡七月是「孝道月」、「慈悲月」，為何要醜化七月，為了無稽之談，讓自己活得鬼影幢幢？什麼是七月真正的意義？有以下四點。

第一、七月是僧伽自恣月。

第二、七月是發心功德月。

第三、七月是報恩孝道月。

第四、七月是生亡普度月。

迷妄之累

《道德經》說：「吾所以有大患者，為吾有身，及吾無身，吾何有患？」世間多數人覺得此身是累贅、是負擔。到底是什麼東西給我們負擔，讓我們覺得累贅？最大的關鍵在於「迷」與「妄」。愚昧、迷惑、虛妄，讓生活及生命都成了負擔。在此有八點迷與妄的省思：

第一、心不迷不度生死：我們所以流轉五趣，生生死死，死死生生，在生死海裡頭出頭沒，就是因為心給迷惑了，讓財色名食睡等五欲轉動了，心境被「稱譏毀譽利衰苦樂」的八風煽動惑亂，生死輪迴，沒完沒了。能夠轉迷成悟，即能度脫六道輪迴的生死之累。

第二、愛不重不生娑婆：我們為什麼要到這個世界來，因為「愛」。

世人沉溺執著於情愛之中，如經說：「流轉三界中，恩愛不能脫。」不能將私愛轉為慈悲大愛，只得為恩愛所縛，不得出離娑婆苦海。

第三、業不繫不憂形質：有人問大珠慧海禪師如何修行？禪師說：「飢來喫飯困來眠。」問：「誰不是如此？」禪師說：「他喫飯時不肯喫飯，百種須索；睡時不肯睡，千般計較。」一個人業障愈輕，愈不會掛念這個身體要種種享受，就不會有衣食住行的種種罣礙。

第四、念不起不生業果：邪念、妄念如果不生起，就不會有生老病死，貪瞋愚癡。身體也是自己造作來的。經說「菩薩畏因，眾生畏果」，如果不造作，就不會受苦。

第五、道不學不明本源：假如不學道，那麼有關「人生從何來？死到何處去？」的問題就無法弄清楚，不能明白。只能渾渾噩噩地隨著生死流轉，渺渺茫茫地一世又一世的輪迴。

第六、戒不守不知過錯：世間講法律，佛教講戒律，其實都是處世的準則。一個人沒有法治的觀念，就會違紀犯法；沒有守戒的美德，就不知改過遷善，錯失圓成人格的機會。

第七、禪不參不識自性：靜坐參禪，主要是觀照自己，認識自己的本來面目。常人的心，一天到晚往外奔馳，在求虛逐妄之間打轉，遺失了本性。若不參禪，就無法識自本性。

第八、佛不成不能解脫：學佛就是循著佛陀解脫的道路走，跟佛一樣達到解脫之境。否則，雖說人人都可以成佛，佛性還是被煩惱塵垢給掩蓋住，仍被生死束縛、煩惱束縛、人情束縛，而不能解脫生死。

有人視此身為包袱、累贅，過得很辛苦、很無奈；有人視此身為道器，過得很法喜。如能了解迷妄的關鍵，就能背塵合覺，一步步達到解脫的境界。在此提出迷妄之累八點，供大家參考：

第一、心不迷不度生死。

第二、愛不重不生娑婆。

第三、業不繫不憂形質。

第四、念不起不生業果。

第五、道不學不明本源。

第六、戒不守不知過錯。

第七、禪不參不識自性。

第八、佛不成不能解脫。

道行法師繪

機變的妙用

「機變」是機靈變通，是吾人面對生活一切好壞、善惡、轉變的能力。懂得機變，就會尋找途徑處理與化解；懂得機變，就能方便權巧轉化與運用。如何建立生活的機變？以下四點：

第一、要不虛不妄：無論做人、生活、處世，吾人都應該實事求是，不要打腫臉充胖子，更不要逞一時之快，虛晃一招。猶如樹木，需要具足水分、陽光、泥土，日日成長，年年增高，才能變成大樹。好比高樓，需要鋼筋、水泥、沙石，層層加建，否則地基不穩，隨時都有崩塌的可能。生活中，也要避免不切實際的想法，唯有踏穩腳步、遠離虛妄，才能應對生活中的一切變化。

第二、要惜緣惜福：人依靠因緣生存，日用所需，無不是因緣的成就。沒有農民的耕種，商人的販賣，怎會有現成的食品？沒有工人的苦力，設計師精心規畫，建商苦心經營，怎會有舒適的房屋可住？每一個人事物，都離不開因緣福德，因此，吾人每日要以感恩的心，珍惜每一個因緣，每一個福報。

第三、要能有能無：世界是一半一半的，有得有失，有利有弊，有成有敗，是歡喜？是悲傷？沒有一定準則。有人擁有令人羨慕的職位，卻因爭權奪利、相互排擠，鎮日擔心失去地位，這樣怎麼能令人快樂呢？語云：「塞翁失馬，焉知非福」，有時不要在「有」與「無」上太過認真，面對生活人事物來來去去，以機變智慧轉化，能有能無，生活就會感到自在逍遙。

第四、要可靜可動：生活中，面對動盪危機，處變不驚，運用智慧冷靜解決，就能化危機為轉機。而在平淡局限的環境中，能夠活出不一樣的內涵趣味，讓自己靈動起來，那又是另一種人生的面貌。動靜之間，一體兩面，如何做最適當的調配？全看吾人心念的轉換。

機變，是善觀因緣，適時調整；是靈活運用，不滯一法。每個人希望過得快樂幸福，就要從懂得機變做起。如果過於執著，或不斷地向外追求汲取，始終得不到要領，那就可惜了。因此，提出四點：

- 第一、要不虛不妄。
- 第二、要惜緣惜福。
- 第三、要能有能無。
- 第四、要可靜可動。

病痛的啟示

一般人都希望自己身體健康，遠離病魔。其實，生病未嘗不好，因為善觀與我們身心健康、迷悟之間關係密切的病痛，有時也會帶給我們很大的啟示。古德說：「比丘要帶三分病，才知道發道心。」這句話是很有道理的，因為有了病痛，才懂得人生的價值；有了病痛，方能看破有漏的人間；有了病痛，才知道把握時間，廣結善緣。所以病痛有病痛的價值，病痛不作病痛觀，則知病痛的啟示。「病痛的啟示」有四點：

第一、使我們珍惜生命：人在健康的時候，不知道生命的可貴，一旦身心受到疾病，就立刻曉得生命的可貴了。所以病痛的價值，在於啟發我們從不知不覺的無常裡，進一步覺知珍惜生命。當然，最好是先知先覺，才能預防重於治療。

第二、使我們放下萬緣：有了病痛，最大的價值，就讓我們不再那麼計較，不要那麼執著，不要那麼貪吝。它讓我們放下身心，知道萬事都有因緣，不能勉強，提醒自己把萬緣都放下來，輕鬆一點過日子。

第三、使我們洞悉無常：經常我們會誤以為生命萬年長久，其實，如《四十二章經》云：「人命在呼吸間。」當一口氣不來的時候，縱使擁有萬貫家財、高樓洋房、嬌妻美妾，也是「萬般帶不去，唯有業隨身」。所以，生病很好，可以讓我們體會無常，認識苦空。認識了無常，就能把一個真常、真我找出來。

第四、使我們活在當下：生病了，身體躺在病床上，什麼外務也不能做，但是，這是最能「看見」自己的時候。若能反觀自照，活在當下，那麼病床即道場、醫院就是修行處。杏林子劉俠小姐一生與病為友，卻幽默處世，樂觀待人；罹患漸凍疾病的作家陳宏先生，每天以眼作筆，勤作不倦。他們活在當下，寫下生命動人的篇章，不知鼓舞了多少人，令人敬佩不已。

所以，很多的事，看起來不好，只要心念一轉，不好也可以轉好。病痛的價值，啟發我們應該活在當下，把握現前；把想要做的事情，趕快做好，未完的心願，趕快完成。這「病痛的啟示」有四：

第一、使我們珍惜生命。

第二、使我們放下萬緣。

第三、使我們洞悉無常。

第四、使我們活在當下。

陶鍊

土，要經過拉捏陶塑，才得以成形；人，也要經過陶鑄磨鍊，方能夠成才。我們平常為人行事，就是所受教育、道德、人格的展現，他必定有一個行事的基礎，做為行為的規範及圭臬。如何陶鍊行事的基礎呢？以下四點說明：

第一、教子弟於幼時：盆栽的養成，從於幼苗；兒女的教育，也是從小做起。你看，昔日孟母不惜「三遷」，只為了有良好的環境；史可法三歲即受嚴格的教育，才有一生奮勇正義人格。現代教育孩子，不過於溺愛，也不要過於嚴苛，用鼓勵代替責備，用關懷代替打罵，適當的教育才能健全未來人格的發展。

第二、檢身心於平時：你要檢查自己身心有無過失嗎？它不在外表，而在起心動念；不在宣揚自己讀了多少聖賢書，不是用言語告訴別人，自己多慈悲，多為人著想……，這都只是表面功夫罷了。什麼時候檢查自己的身心呢？在你吃飯的時候，在你睡覺的時候，在你獲益的時候，在你受人教訓的時候，甚至，在任何時刻、在獨處、在暗處，所謂「君子不欺暗室」，才能檢視出自己的身心的善惡、好壞、是非。

第三、驗耐力於苦時：人在順境，沒有外境刺激，表現平和，這都是理所當然。當環境變化，或超出預期，或在受苦、或遇煩惱、或面對難堪的時候，這就是真正檢測耐力最好時刻了。你能坦然面對壓力，找到根源，予以接受、處理、化解，就是有耐力的人。

第四、觀德行於利時：要檢視道德行為多高、多大嗎？在獲得利益的時候，最能看清明白。獲得財富了，舉止是合乎善人的條件嗎？揚名立萬了，道德修養也跟著昇華了嗎？你能把持住，不為所動，這才是經得起考驗。所以，在面對利益權力時，就可以看出吾人的道德高低與否。

人們常說，社會是個大冶洪爐，是個淬煉試場，其實，所謂「真金仍須洪爐煉，白玉還要妙手磨」，陶侃不願虛時以度，以搬磚訓練自己；雪峰禪師不棄一片菜葉，以愛物修練身心。無論外在環境如何，自我冶煉，面對考驗，都靠自己造就自己、陶鍊自己。以上這四點可以作為參考。

第一、教子弟於幼時。

第二、檢身心於平時。

第三、驗耐力於苦時。

第四、觀德行於利時。

苦的妙用

苦藥難入口，苦水難下肚；人生苦和樂相摻，但通常我們只喜歡樂，不喜歡苦。其實，有時候苦也有苦的妙用，什麼妙用呢？六點提供參考：

第一、苦言有益：所謂「治膏肓者，必進苦口之藥；決狐疑者，必告逆耳之言。」你聽起來不順耳的、不想聽的，也不願意聽的，必定是苦言。能明白別人忠心苦勉的話對我們有益，人生上的冤枉道路、常犯的錯誤，會少很多。

第二、苦味能養：甜味甘美，但容易膩口；甜頭可嘗，但吃得不安；好比佛教也以刀口之蜜比喻五欲的過失，你舐之，就會有割舌之患。反之，苦瓜帶澀，卻是營養有味；苦茶難飲，而能清涼退火。可見苦味雖不

山東野拓保求四家
台北覽水簡中

孫家勤繪

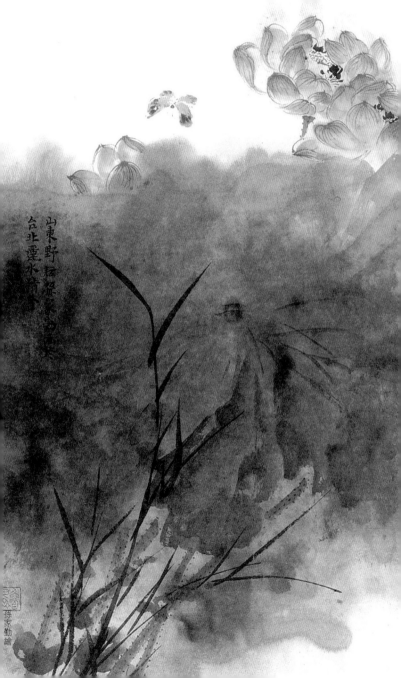

適口，卻能對身體有所滋養。因此，人生有一點苦味未嘗不好，反而能成為生命歷程的養料。

第三、苦心感人：父母教育子女，老師教導學生，甚至禪師點撥弟子，有時金剛怒目，有時無情譏評，其所言所作，無不是苦口婆心。你看，溈山靈佑禪師悍然拒絕香嚴智閑的請求開示，才有後來智閑的擊竹開悟，焚香遙拜，感謝老師的「不說破」；百丈禪師懂得馬祖道一禪師捏痛他鼻子的用心，讓他廓然大悟，又哭又笑。假如為人子女、弟子懂得了這一片苦心相待，一定有所進步成長。

第四、苦工培德：一個社會的經濟成長，不單只是企業家的經營，也是需要許多木工、瓦工、搬運工、清潔工等勞工朋友的體力付出，他們對社會的進步、成長的貢獻也是很大，尤其靠自己勞力工作並不卑下，因為苦工可以磨鍊心志，造福培德，苦力猶如水泥，凝固砂石，才能打穩基礎。因此對這許多做苦工的人，我們應該給予他們禮遇、給予他們尊重。

第五、苦學進步：常言道：「書山有路勤為徑，學海無涯苦作舟。」無論讀書學習、工作創業，其過程沒有捷徑，只有勤努力是道路，只有苦功夫最踏實。你日日忍耐、時時修學，漫漫長夜，苦苦熬練，等到「十載寒窗無人問，一舉成名天下知」時，進步的甜美果實，就會呈現。

第六、苦行勵節：在佛教裡，釋迦牟尼佛雪山六年苦行，終於夜睹明星成就佛道；弟子大迦葉尊者以苦行自勵，號為頭陀第一；歷史上許多的祖師大德，也以苦行自我鍛鍊。當然，佛教的修行不是以苦為目的，但是苦行確實是成就道業的一個過程。而一般人無論讀書、創業，能夠以苦行來勵志，以苦行來練心，肯定會有所成就。

（局部）

苦幹會有出頭日，苦盡才有甘來時；知道苦海無邊，才懂得回頭是岸；能自知苦惱，就會對周遭的人事物感到有所虧欠，自然就會知道感恩、待人好。所以，苦也有苦的妙用。

第一、苦言有益。

第二、苦味能養。

第三、苦心感人。

第四、苦工培德。

第五、苦學進步。

第六、苦行勵節。

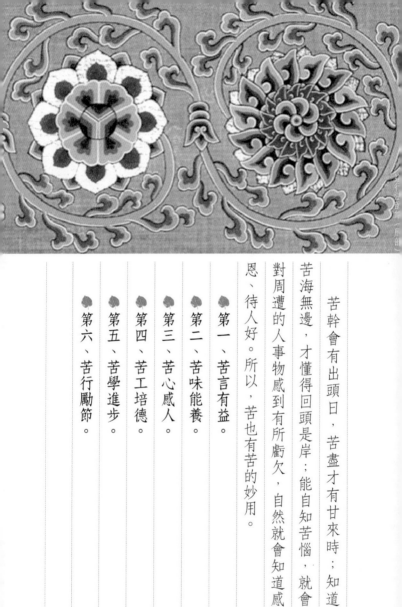

如何消愁解悶

佛教說人有八萬四千煩惱。商人為了事業不順利而煩惱，病患為了健康不佳而煩惱，學生為了課業不及別人而煩惱，甚至有的人只為了一點雞毛蒜皮的小事，終日鬱鬱寡歡。煩惱從心底生起，就要從心裡消除。如何消愁解悶？有四點意見：

第一、想通事理的原委：任何事情都不會唐突發生，總會有產生的原因，煩惱也是如此，有因、有緣才會有果。《雜阿含經》中，佛陀說：「色有故，色起，色繫，著故。於色見我，未起憂、悲、惱苦令起，已起憂、悲、惱苦重令增廣。」人有種種的執著、貪愛，如愛美、愛吃、愛玩……不能滿足時，煩惱就此生起。如果能追本溯源，參透事理的原委，心結自然就能打開。

第二、放開閒情的愁緒：有些人在一陣忙碌之後，閒暇下來，憂愁的情緒會突然襲上心頭。那是因為忙得沒有目的，或者習慣用忙來掩飾內心對周遭環境、人事的惶恐，也有人以忙來滿足內心的成就感，最後卻也因忙而茫茫然。其實，人生無論做什麼事，都應該以開放的心情面對，該忙的時候就忙，該閒的時候也要能放下，如此，生活才能過得自在。

第三、沒有疑慮的性格：有的人疑心很重，本來沒有的事，卻因為自己的猜疑，不但弄巧成拙，還使得心情大受影響，此即所謂「庸人自擾」。西漢司馬遷說：「顧小而忘大，後必有害，狐疑猶豫，後必有悔。」所以，我們平時要養成自己當機立斷的性格，猶豫不決和疑慮，不但會為自己帶來困擾，還將會失去許多的好因好緣。

第四、明朗坦白的處世：處世之道要能對得起自己，也要對得起別人，如此，生活才會快樂自在。哲學家培根曾說：「最快樂之事莫過於為所當為。」什麼事該做，什麼事不該做，心裡應該有所衡量，否則一旦做了不該做的事，要後悔也來不及了。

元稹「和樂天高相宅」一詩中說到：「莫愁已去無窮事，漫苦如今有限身；二百年來城裡宅，一家知換幾多人。」偶有煩惱乃人之常情，但是人的生命有限，切莫讓煩惱占據大半的人生。「如何消愁解悶」有四點：

- 第一、想通事理的原委。
- 第二、放開閒情的愁緒。
- 第三、沒有疑慮的性格。
- 第四、明朗坦白的處世。

觀照什麼？

善於觀照的人，其思想成熟，見解透澈，行為正當。觀照是一種智慧，觀照人際，能洞悉人性；觀照宇宙，能徹悟自然；觀照自我，能探究人生；觀照煩惱，能破除疑問；觀照物質，能悉知物性。所謂萬物靜觀皆自得，我們可以觀照的事情很多，該觀照些什麼呢？

第一、觀照我與他人的關係：人跟人之間的互動，花很多時間仍未必明白，有時只是一剎那就熟識，因此掌握自他關係，重視人我之間，是立身處世非常重要的功課。要調和人際關係，必須有「你大我小，你有我無，你樂我苦，你對我錯」的胸懷，能如此，即使各人見解不同，辦事方法千差萬別，也能和諧相處。

孫家勤繪

第二、觀照我與物質的關係：我們的生活日用，行住坐臥，都脫離不了物質供需。東西物品隨我們任意使用，雖然沒有情感，但是也有使用年限，應該好好珍惜，例如一支掃帚、一件衣服，如果粗魯濫用，恐怕三兩天就壞了，好好的愛惜使用，就能用個五年、十年。一個人的福報有限，惜福才能得到更多福報。

第三、觀照我與社會的關係：每個人都是社會的一份子，社會的經濟、政治、環境等等條件，會影響每個人的生活品質。每個人的職業、地位、角色雖然不同，但若能對社會或多或少奉獻心力，也能促進社會的發展。我們受到社會種種資源濟助，首先要奉公守法，進一步布施奉獻，布施金錢、勞力、歡喜、智慧，甚至帶動大家一起關懷社會，以促進社會的繁榮與安定。

第四、觀照我與情愛的關係：親情、愛情、友情，這種種感情維繫著人我關係。自私的愛，會造成彼此緊張，無私的愛，則能展現高貴的情操。慈愛、仁愛、博愛，都是人類真誠至善的表現，不管是對鄰里鄉親、長官朋友，若能推己及人，將愛擴大昇華為慈悲，相信必能尊重包容，同體共生。

觀照有時是自我沉思，有時是從人我互動，藉事藉境，來觀照自己的內心。該觀照些什麼呢？有四點意見：

第一、觀照我與他人的關係。

第二、觀照我與物質的關係。

第三、觀照我與社會的關係。

第四、觀照我與情愛的關係。

國家圖書館出版品預行編目資料

生活的佛教：正信/星雲大師著─初版─台北市：香海文化，
2007．09　面；　公分(人間佛教叢書)(星雲法語：2)
ISBN 978-986-7384-71-3(精裝)
1.佛教說法
225.4　　96015514

人間佛教叢書
星雲法語❷
生活的佛教─正信

作　　者／星雲大師
發 行 人／慈容法師（吳素真）
主　　編／蔡孟樺
圖片提供／孫家勤、歐豪年、趙少昂、佛光緣美術館
法語印章／陳俊光
資料提供／佛光山法堂書記室
編輯企劃／陳鴻麒(特約)、香海文化編輯部
責任編輯／高雲換
助理編輯／鄒芃葦
封面設計／釋妙謙
版型設計、美術編輯／蔣梅馨
校　　對／侯秋芳、張澄子

出版・發行／香海文化事業有限公司
地址／110台北市信義區松隆路327號9樓
電話／(02)2748-3302
傳真／(02)2760-5594
郵撥帳號／19110467　香海文化事業有限公司
http://www.gandha.com.tw　www.gandha-music.com
e-mail:gandha@ms34.hinet.net

總經銷／時報文化出版企業股份有限公司
地址／235 台北縣中和市連城路134巷16號
電話／(02)2306-6842
法律顧問／舒建中、毛英富
登記證／局版北市業字第1107號
ISBN／978-986-7384-71-3
十冊套書／定價3000元　單本定價／300元
2007年9月初版一刷　2009年1月初版二刷　2013年5月初版三刷